臺灣歷史與文化 研究輯刊

十七編

第 11 冊

當代臺灣國語流行歌曲之詞曲關係研究
（1949～2017）（下）

隋利儀 著

花木蘭文化事業有限公司

國家圖書館出版品預行編目資料

當代臺灣國語流行歌曲之詞曲關係研究（1949～2017）（下）／
隋利儀 著—初版—新北市：花木蘭文化事業有限公司，2020
〔民 109〕
目 12+142 面；19×26 公分
（臺灣歷史與文化研究輯刊十七編；第 11 冊）
ISBN 978-986-518-075-1（精裝）
1. 音樂史 2. 流行歌曲 3. 臺灣
733.08　　　　　　　　　　　　　　　　　　　109000559

ISBN-978-986-518-075-1

臺灣歷史與文化研究輯刊
十七編　第十一冊　　　　　　ISBN：978-986-518-075-1

當代臺灣國語流行歌曲之詞曲關係研究
（1949～2017）（下）

作　　者　隋利儀
總 編 輯　杜潔祥
副總編輯　楊嘉樂
編　　輯　許郁翎、張雅淋　美術編輯　陳逸婷
出　　版　花木蘭文化事業有限公司
發 行 人　高小娟
聯絡地址　235 新北市中和區中安街七二號十三樓
　　　　　電話：02-2923-1455／傳真：02-2923-1452
網　　址　http://www.huamulan.tw 信箱 hml 810518@gmail.com
印　　刷　普羅文化出版廣告事業
初　　版　2020 年 3 月
全書字數　163504 字
定　　價　十七編 11 冊（精裝）台幣 22,000 元

當代臺灣國語流行歌曲之詞曲關係研究
（1949～2017）（下）

隋利儀　著

目次

譜 次

第四章 詞曲關係之押韻現象（二）
押韻變格

　　《民間詩律》一書，提出中國各民間詩律之豐富時，舉出押韻方法多元時這樣說：

　　　　有押腳韻（韻尾）的，有押腰韻的；有押頭韻的，還有押頭
　　　尾連環韻的，頭腰連環韻的，腰尾連環韻的。不但有句外韻，而且
　　　還有句中韻……頭韻之中又有句首頭韻和詞首頭韻的區別……。
〔註1〕

流行歌曲屬民間歌曲，由歌曲發展觀察，它具有合乎押韻效果的現象，且門類眾多。本文長期觀察下，古代詩歌的押韻方式，在流行歌曲並不常見，至多偶爾出現句中韻或虛詞押韻，已為不易，更遑論句首頭韻、腰韻等類。第三章探討的歌曲為正規情況之押韻方式，第四章則從變格方向探討其他押韻現象，內容雖沒有《民間詩律》歸類如此多的項目，亦有相同或類似的押韻現象可討論，茲將內容分為幾個項目：間韻、句中韻、虛字押韻、完全不押韻及其他押韻等五類進行分析。

第一節　間　韻

　　王力《《詩經》韻讀》有所謂交韻，即兩韻相隔進行使用，分單句及雙句押韻，〔註2〕即間韻。葉桂桐《中國詩律學》則認為隔句用韻使得節拍勻促：

〔註1〕段寶林、過偉編：《民間詩律》（北京：北京人民大學出版社，1987年11月），頁3。
〔註2〕王力：《詩經》韻讀》（北京：中國人民大學出版社，1991年12月），頁62。

篇幅較長的古詩或樂府，雖然隔句用韻，給人以流通貫暢，一
氣呵成的感覺，但畢竟有節拍匆匆之感，比如杜甫的〈麗人行〉等
詩。所以唐初的樂府歌行已開始換韻……。〔註3〕

間韻在流行歌曲出現的比例相當低，它不太可能是無意識之下所寫的，尤其
出現的段落不只一次時，幾乎可以肯定是作者有意識的創作，本節以兩句一
韻與隔句韻討論之。

一、兩句一韻

沈約《宋書·謝靈運傳論》言：

宮羽相變，低昂舛節，若前有浮聲，則後須切響。一簡之內，
音韻盡殊；兩句之中，輕重悉異，辭既美矣，理又善焉。〔註4〕

此為永明時期對音韻構成的關注記載，〔註5〕對兩句之中的要求，實為刻意之
作，這在古代為平常之事，並不難尋。本文蒐羅流行歌曲中，完整兩句一韻
的間韻歌曲尋求甚難，能有幾處片段實屬難能，因此譜例較一韻到底或換韻
類別少。茲區分部分及全首，兩部分論述兩句一韻現象。

（一）歌曲中部分兩句一韻

此項目的歌曲為數較多，以譜例觀之，多半出現於副歌之前，這是由於
副歌需要重章疊唱形成流傳度，因此僅押一個韻，做為重複記憶點，如〈龍
的傳人〉：

【譜例四-1】〈龍的傳人〉〔註6〕

〔註3〕葉桂桐：《中國詩律學》（臺北：文津出版社有限公司，1998年），頁47。
〔註4〕沈約：《宋書·謝靈運傳》（臺北：鼎文書局，1994年9月），頁1195。
〔註5〕康全誠：〈論古典詩歌的形式〉，遠東學報第二十三卷第二期，2006年6月，
頁，376。
〔註6〕李建復：《龍的傳人·龍的傳人》（臺北：新格唱片，1980年）。

```
| 3  3  3  21 | 2  232  -  | 1  1  1  21 | 7  717  - ‖
   雖 不 曾 看見 長  江美，     夢 裡 常 神遊 長 江水。
| 3  333  21 | 2  232  -  | 1  1  7  17 | 6  656  - ‖
   雖 不曾 聽見 黃  河壯，     澎湃 洶湧 在 夢 裡，（下略）
```

表四-1　〈龍的傳人〉詞曲押韻分析表

樂句數	樂句結束音	歌詞	韻部	韻尾	備註
1	〔6̣〕	江	〔iaŋ〕	〔aŋ〕	兩句一韻
2	〔3̣〕	江	〔iaŋ〕	〔aŋ〕	
3	〔6̣〕	河	〔ɤ〕	〔ɤ〕	兩句一韻
4	〔6̣〕	河	〔ɤ〕	〔ɤ〕	
5	〔2〕	美	〔ei〕	〔ei〕	
6	〔7〕	水	〔uei〕	〔ei〕	
7	〔2〕	壯	〔uaŋ〕	〔aŋ〕	
8	〔6̣〕	裡	〔i〕	〔i〕	

＊資料說明：譜例中，間韻之兩句一韻現象，以粗線區隔。

　　本曲共三段，僅第一段〔aŋ〕、〔ɤ〕歌詞具隔句換韻形式，兩者旋律均〔La〕調式，並未換韻，僅為歌詞換韻。

　　流行歌曲使用間韻形式，無疑為刻意之作，若於兩句一韻同時轉換曲調，則更不易求，畢竟流行歌曲並無如此限制，作者的功力亦難與古代詩人相提並論，故，本章押韻間韻內容，若歌詞呈現其韻類現象，調式未轉換，仍歸於間韻之例。以下茲舉〈小鎮姑娘〉、〈不告而別〉、〈不像個大人〉、〈就在今夜〉（八二年至二〇〇六年間）四首兩句一韻譜例分析：

【譜例四-2】〈小鎮姑娘〉〔註7〕

小鎮姑娘

1=D 2/4　　　　　　　　　唱 陶喆

詞、曲 陶喆
俠客唱片公司 1999年12月

```
| 0   0111 | 3 5  5 53 | 6 5  6 11 | 6 i i i   i i 6 |
     還記得 多 年 前 跟你 手 牽 手。妳都 害羞得不  敢抬
     還記得 一 開 始 妳不 能 適 應。那個 忙亂又吵  的環
```

〔註7〕陶喆：《I'm Ok・小鎮姑娘》（臺北：俠客唱片，1999年12月）。

頭。 只會 傻傻地看 著天上 的 星星。 妳 就是那麼 的 純

境。 一個 小鎮的姑 娘到了 大 城 市。 你 一定聽過 這故

靜。 知道妳 收到 上榜的 通 知 單。我的 心裡就變 得很

事。 當你寂 寞的 時刻我 陪 伴 妳。給妳 我的安慰 和鼓

亂。 不知 為妳而高 興還為 自己憂 愁。 只好就放 妳 走。

勵。 自己 矛盾的私 心讓我 每天憂 愁。 只好就讓 妳 走。

不 明白， 不 明白。 為 什麼 我不能放 得

開。 捨 不得， 這 個愛， 妳 是一 生一世不會瞭解。

我 明白， 我 明白。 在 我心 中妳永遠 存

在。 或許妳會有一 天 懷 念， 可是我已 不 在。

（以下略）

表四-2 〈小鎮姑娘〉詞曲押韻分析表

樂句數	樂句結束音	歌詞	韻部	尾韻	備　註
1	〔6〕	手	〔ou〕	〔ou〕	兩句一韻
2	〔5〕	頭	〔ou〕	〔ou〕	
3	〔3〕	星	〔iŋ〕	〔iŋ〕	兩句一韻
4	〔2〕	淨	〔iŋ〕	〔iŋ〕	
5	〔5〕	單	〔an〕	〔an〕	兩句一韻
6	〔5〕	亂	〔uan〕	〔an〕	
7	〔i〕	愁	〔ou〕	〔ou〕	兩句一韻
8	〔i〕	走	〔ou〕	〔ou〕	
9	〔i〕	開	〔ai〕	〔ai〕	副歌處押〔ai〕韻
10	〔2̇〕	解	〔ai〕	〔ai〕	

11	〔i〕	在	〔ai〕	〔ai〕	
12	〔ɿ〕	在	〔ai〕	〔ai〕	
13	〔6〕	應	〔iŋ〕	〔iŋ〕	兩句一韻
14	〔5〕	境	〔iŋ〕	〔iŋ〕	
15	〔3〕	市	〔ʂ〕	〔ʂ〕	以聲符
16	〔2〕	事	〔ʂ〕	〔ʂ〕	
17	〔5〕	你	〔i〕	〔i〕	兩句一韻
18	〔5〕	勵	〔i〕	〔i〕	
19	〔i〕	愁	〔ou〕	〔ou〕	兩句一韻
20	〔i〕	走	〔ou〕	〔ou〕	

　　〈小鎮姑娘〉的押韻，幾乎爲全首兩句一韻之歌曲，陶喆身兼詞、曲、唱身分，相當留意如何用韻，以及如何演唱，由分析表觀之，其換韻方式十分整齊，一至八之樂句結束音爲〔6〕、〔5〕、〔3〕、〔2〕、〔5〕、〔5〕、〔i〕、〔i〕，樂句相應位置的歌詞分別爲「手」、「頭」、「星」、「淨」、「單」、「亂」、「愁」、「走」分別押〔ou〕、〔iŋ〕、〔an〕、〔ou〕韻，兩句換一韻；副歌九至十二樂句結束音爲〔i〕、〔ż〕、〔i〕、〔ɿ〕，樂句相應位置的歌詞分別爲「開」、「解」、「在」、「在」，均押〔ai〕韻；十三至二十樂句結束音爲〔6〕、〔5〕、〔3〕、〔2〕、〔5〕、〔5〕、〔i〕、〔i〕，樂句相應位置的歌詞分別爲「應」、「境」、「市」、「事」、「你」、「勵」、「愁」、「走」分別押〔iŋ〕、〔ʂ〕、〔i〕、〔ou〕韻，亦爲兩句一韻。

　　本曲極具押韻概念，副歌之前一至八、十三至二十樂句均爲兩句一韻，除「亂」字之外，均爲不含介音之韻字。副歌全押〔ai〕韻外，「解」字以〔ai〕韻演唱而不選唱〔e〕，應爲押韻之故，〈小鎮姑娘〉能窺見陶喆於注重歌曲用韻、演唱和諧之態度。

【譜例四-3】〈不告而別〉〔註8〕

不告而別

1=D 4/4　　唱 南方二重唱　　詞 許常德 曲 陳小霞
瑞星唱片 1991年 唱片

```
| 1 2 3 2·    5 2 | 2    -    -    0 5 | 6 1 1 1·    3 2 |
  走 出 你 的   視 線。          我   直 接 走 向   車 站。
```

〔註8〕南方二重唱：《細說往事・不告而別》（臺北：瑞星唱片，1991年）。

十點的車票在手上。地點是

很遠的地方。　　沒有留下　原因。

因為心情　已用盡。

我已　拿走所有行李。　就是　最　好　的說

明。　　不　告　而　別，

不　告　而　別。　　只因為對你

太　瞭解，太了解再多說也不能挽回。

不　告　而　別，　　不　告　而

別。　　是不　想　看　見你的眼淚，那會

讓我　做出錯誤的解　決。（以下略）

表四-3　〈不告而別〉詞曲押韻分析表

樂句數	樂句結束音	歌詞	韻部	尾韻	備　註
1	〔2〕	線	〔ian〕	〔an〕	兩句一韻
2	〔2〕	站	〔an〕	〔an〕	
3	〔3〕	上	〔aŋ〕	〔aŋ〕	兩句一韻
4	〔1〕	方	〔aŋ〕	〔aŋ〕	
5	〔4〕	因	〔in〕	〔ən〕	兩句一韻
6	〔4〕	盡	〔in〕	〔ən〕	
7	〔i〕	李	〔in〕	〔i〕	寬韻
8	〔3〕	明	〔iŋ〕	〔əŋ〕	
9	〔5〕	別	〔ie〕	〔e〕	

10	〔5〕	回	〔uei〕	〔ei〕	
11	〔7〕	別	〔ie〕	〔e〕	
12	〔3〕	決	〔ye〕	〔e〕	

　　〈不告而別〉同樣為兩句一韻形式之歌曲，一至六樂句每隔兩句轉一韻，分別由〔an〕→〔aŋ〕→〔ən〕韻，七、八樂句之「李」〔i〕「明」〔əŋ〕雖不押韻，歌手將「明」音拉長後具有〔i〕韻效果，而副歌前均兩句換韻，「李」、「明」兩字雖不同韻，但歌者運用延長介音、輕唱韻尾的技巧，使得「李」〔i〕、「明」〔əŋ〕兩句韻腳並不違和，可視作寬韻現象。

　　另，〈就在今夜〉則是副歌處兩句一韻之例：

【譜例四-4】〈就在今夜〉〔註9〕

　　就在今夜
　　唱 丘丘合唱團

詞、曲 邱晨
新格唱片 1982年

表四-4 〈就在今夜〉詞曲押韻分析表

樂句數	樂句結束音	歌詞	韻部	尾韻	備　註
1	〔1〕	去	〔u〕	〔u〕	⊕
2	〔3〕	柔	〔ou〕	〔ou〕	
3	〔1〕	話	〔ua〕	〔a〕	
4	〔1〕	話	〔ua〕	〔a〕	
5	〔2〕	你	〔i〕	〔1〕	⊕
6	〔2〕	我	〔uo〕	〔o〕	⊕
7	〔3〕	去	〔y〕	〔y〕	〔y〕〔i〕通押
8	〔1〕	你	〔i〕	〔i〕	
9	〔1〕	過	〔uo〕	〔o〕	兩句一韻
10	〔1〕	漠	〔o〕	〔o〕	
11	〔1〕	句	〔y〕	〔y〕	〔y〕〔i〕通押
12	〔2〕	你	〔i〕	〔i〕	
13	〔3〕	去	〔y〕	〔y〕	〔y〕〔i〕通押
14	〔1〕	你	〔i〕	〔i〕	
15	〔1〕	過	〔uo〕	〔o〕	兩句一韻
16	〔1〕	漠	〔o〕	〔uo〕	
17	〔1〕	句	〔y〕	〔y〕	〔y〕〔i〕通押
18	〔1〕	你	〔i〕	〔i〕	

＊資料說明：Ⅰ、Ⅱ在此首爲副歌第一、二遍之標示。

　　〈就在今夜〉副歌前爲是〔Sol〕調式，除三、四樂句押〔a〕韻，其餘皆未押韻，副歌則以〔y〕〔i〕通押→〔o〕兩句一韻形式押韻，〔y〕及〔i〕韻於本文定義爲通押韻，除尾韻相當接近外，以〈就在今夜〉譜例觀之，九至十二樂句的間韻效果甚強，之所以能產生間韻感乃因此四個樂句分之對稱形式：

這四句在旋律上均爲兩兩平行，既然十一、十二兩句之「過」、「漠」〔o〕可

押韻，九、十句的「去」〔y〕、「你」〔i〕爲何不能視爲押韻，並且「去」、「你」兩字具有終止效果，特別是唱者語氣讓節奏斷得明顯，產生間韻之感，聆聽時會因這兩句產生有平衡、滿足，間韻之感由此而來，於此可將此四樂句視作兩句一韻。

【譜例四-5】〈不停的溫柔〉〔註10〕

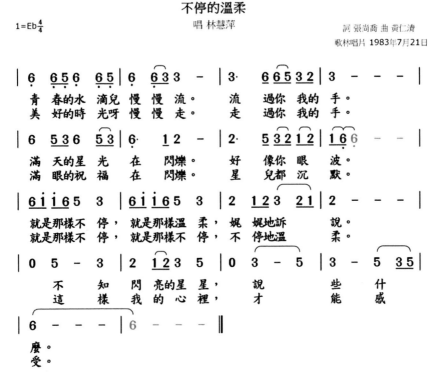

表四-5　〈不停的溫柔〉詞曲押韻分析表

樂句數	樂句結束音	歌　詞	韻　部	尾　韻	備　註
1	〔3〕	流	〔iou〕	〔ou〕	兩句一韻
2	〔3〕	手	〔ou〕	〔ou〕	
3	〔2〕	爍	〔uo〕	〔o〕	兩句一韻
4	〔1〕	波	〔o〕	〔o〕	
5	〔2〕	說	〔uo〕	〔o〕	
6	〔6〕	麼	〔o〕	〔o〕	

〔註10〕林慧萍：《戒痕·不停的溫柔》（臺北：歌林唱片，1983 年 7 月 21 日）。

7	〔3〕	走	〔ou〕	〔ou〕	
8	〔3〕	手	〔ou〕	〔ou〕	
9	〔2〕	爍	〔uo〕	〔o〕	兩句一韻
10	〔1〕	默	〔o〕	〔o〕	
11	〔2〕	柔	〔uo〕	〔ou〕	兩句一韻
12	〔6〕	受	〔o〕	〔ou〕	

〈不停的溫柔〉為〔La〕調式，雖三至六樂句全押〔o〕韻，但第二段落則分別以〔ou〕→〔o〕→〔ou〕完整呈現兩句一韻之形式。

（二）歌曲中完整兩句一韻

能完全以兩句一韻寫作的歌曲，幾乎是作者刻意之設計，因譜例難覓，僅就〈想飛〉、〈不像個大人〉兩首歌曲說明。

【譜例四-6】〈想飛〉〔註11〕

想飛

1=C 4/4

唱 鄭怡

詞、曲 梁弘志
可登唱片 1986年12月

〔註11〕鄭怡：《想飛‧想飛》（臺北：可登唱片，1986年12月）。

表四-6　〈想飛〉詞曲押韻分析表

樂句數	樂句結束音	歌　詞	韻　部	尾　韻	備　　註
1	〔2〕	漠	〔o〕	〔o〕	兩句一韻
2	〔2〕	默	〔o〕	〔o〕	
3	〔5〕	會	〔uei〕	〔ei〕	兩句一韻
4	〔5〕	飛	〔ei〕	〔ei〕	
5	〔2〕	落	〔uo〕	〔o〕	兩句一韻
6	〔2〕	麼	〔o〕	〔o〕	
7	〔5〕	會	〔uei〕	〔ei〕	兩句一韻
8	〔5〕	飛	〔ei〕	〔ei〕	
9	〔2〕	洋	〔aŋ〕	〔aŋ〕	兩句一韻
10	〔5〕	傷	〔aŋ〕	〔aŋ〕	
11	〔2〕	落	〔ou〕	〔o〕	兩句一韻
12	〔2〕	過	〔ou〕	〔o〕	
13	〔5〕	會	〔uei〕	〔ei〕	兩句一韻
14	〔5〕	飛	〔ei〕	〔ei〕	

　　〈想飛〉可算是一首完整之兩句一韻歌曲，詞曲分析表以十分整齊的形式呈現，一、二樂句結束音為〔2〕、〔2〕，樂句相應位置之歌詞為「漠」、「默」，押〔o〕韻；第三、四樂句結束音為〔5〕、〔5〕，樂句相應位置之歌詞為「會」、「飛」，押〔ei〕韻；五、六樂句結束音為〔2〕、〔2〕，樂句相應位置之歌詞為「落」、「麼」，押〔o〕韻；七、八樂句結束音為〔5〕、〔5〕，樂句相應位置之歌詞為「會」、「飛」，押〔ei〕韻；九、十樂句結束音為〔2〕、〔5〕，樂句相應位置之歌詞為「洋」、「傷」，押〔aŋ〕同樣為每隔兩句押韻。十一至十二樂句結束音為〔2〕、〔2〕，樂句相應位置之歌詞為「落」、「過」，押〔o〕韻；末兩句結束音為〔5〕、〔5〕，樂句相應位置之歌詞為「會」、「飛」，押〔ei〕韻，明顯且完整的兩句間韻。

【譜例四-7】〈不像個大人〉〔註12〕

不像個大人

1=G 4/4　　唱 張惠妹

詞 王中言 曲柯貴民
華納唱片 **2006年2月**

| 0 0 0 | 0563 | 3 3 32 33 | 0563 | 3 3 32 33 | 3512 |
轉過身　　就自由了。　我卻突　然捨不得。　你露出無

| 2 233 1 2 | 0612 | 2 2 3 165 | 0563 | 3 3 32 33 | 0563 |
害的　笑容。　摸摸我　臉頰的冷。　放開了　手的選擇。　那是因

| 3 3 3 5 6·55 | 3 2 2 1 2 | 0612 | 2 233 5 32· 0 |
為愛太重　了。　我不要憎恨。　再見讓　我來完成。

| 35 56 355 | 0677 | 7656653553 221· | 0 6 1 2332· 01 2 |
壞掉的紅綠燈。　無聲的　陪伴我和你等待黎明。　車窗外的雨　洗刷

| 3 5 3　－　05 6 | 7　76 53 | 06 7 | i 2 7 1776· 3212 |
了苦澀。　　湧上的　　每一刻。　你的親吻背叛天真。我承認

| 2 2121216666 i | i 655　－　0563 | 0 0 0 0563 |
愛美在未完成美在曾經 發　　生。　　　　　　　　　我是確

| 3 3 32 33 | 0563 | 3 3 3 233 | 3512 | 2 133 122 | 0612 |
定愛你的，　我是真　的快樂的。　你能給我　的並不多，　然而一

| 2 233 165 | 0563 | 3 3 32 33 | 0563 | 3 3 3 5 6·55 |
切很　值得。　我是心　甘情願的，　呵護你　不　像個大人。

| 3 2 2 122 | 0612 | 2 233 1665· 6 i | i　－　－　－ ‖
你不需要懂，　放開你　是我　最掙扎的旅　程。（第二段，略）

表四-7　〈不像個大人〉詞曲押韻分析表

樂句數	樂句結束音	歌詞	韻部	尾韻	備註
1	〔3〕	了	〔ɤ〕	〔ɤ〕	兩句一韻
2	〔3〕	得	〔ɤ〕	〔ɤ〕	
3	〔2〕	容	〔uŋ〕	〔əŋ〕	兩句一韻
4	〔6〕	冷	〔iŋ〕	〔əŋ〕	

〔註12〕張惠妹：《我要快樂‧不像個大人》（臺北：華納唱片，2006年2月）。

5	〔3〕	擇	〔ɤ〕	〔ɤ〕	兩句一韻
6	〔5〕	了	〔ɤ〕	〔ɤ〕	
7	〔2〕	恨	〔ən〕	〔ən〕	〔ən〕〔əŋ〕通押
8	〔3〕	成	〔əŋ〕	〔əŋ〕	
9	〔5〕	燈	〔əŋ〕	〔əŋ〕	兩句一韻
10	〔1〕	明	〔iŋ〕	〔əŋ〕	
11	〔3〕	澀	〔ɤ〕	〔ɤ〕	兩句一韻
12	〔3〕	刻	〔ɤ〕	〔ɤ〕	
13	〔6〕	眞	〔ən〕	〔ən〕	〔ən〕〔əŋ〕通押
14	〔6〕	生	〔əŋ〕	〔əŋ〕	
15	〔3̇〕	的	〔ɤ〕	〔ɤ〕	兩句一韻
16	〔5〕	得	〔ɤ〕	〔ɤ〕	
17	〔5̇〕	人	〔ən〕	〔ən〕	〔ən〕〔əŋ〕通押
18	〔i〕	程	〔əŋ〕	〔əŋ〕	

　　本曲唯調式不顯著，及三處〔ən〕〔əŋ〕通押外，幾乎爲完整兩句一韻之歌曲，歌曲始終以〔ɤ〕及〔ən〕〔əŋ〕通押韻爲韻字交互轉換，作者應爲有意識之創作。

　　經由上述分析，間韻中兩句一韻之歌曲並不多見，一首歌曲能有幾處呈現，皆爲可貴，流行歌曲用韻本就寬鬆，創作者若使用錯落有致之間韻填詞，須考量歌詞韻腳的變化及轉韻後詞曲間的協調，如《詞林正韻》所言：「詞之諧不諧，恃乎韻之合不合。韻名有其類，亦有其音，用之不紊，始能入融本調，收足本音耳。」〔註13〕兩句一韻運用間隔的規則押韻，創作者必定經過設計、挑選後再融入旋律以求和諧，並要迎合市場，難度勢必較一韻到底高。正因樂壇能以古典韻文思維創作流行歌曲者寡，能覓得之例不多，上述諸例仍堪稱難得。

二、間韻之隔句一韻

　　張炎《詞源》一書言：

　　　　詞以協音爲先，音者何，譜是也。古人按律制譜，以詞定聲，
　　此正聲依永律和聲之遺意。〔註14〕

〔註13〕〔清〕戈載：《詞林正韻》（臺北：文史哲出版社，1980年），頁17。
〔註14〕〔宋〕張炎：《詞源‧音譜》，見唐圭璋編：《詞話叢編》，第1冊，卷下，頁255。

古代詞調的格式稱詞譜，詞乃依詞譜規定之音節、平仄填詞，意即依譜填詞，譜則是音樂性樣品，古人依照樣品直接填詞，按曲作詞，[註15]要求極為嚴格。流行歌曲儘管沒有字數、句數限制，也未規定其韻腳，但就歌曲發展觀察，仍有其合乎押韻效果的現象。隔句用韻於《詩經》已有記載，顧炎武《日知錄》以《詩經》舉了三種押韻之例，其中關於隔句用韻云：

> 一起即隔句用韻者，〈卷耳〉之首章是也：「采采卷耳，不盈頃筐。嗟我懷人，寘彼周行。」凡漢以下詩及唐人律詩之首句不用韻者源於此。[註16]

對流行歌曲而言，與兩句一韻相比，隔句韻歌曲更是鳳毛麟角，茲舉〈祈禱〉、〈蝴蝶飛呀〉兩首為例：

【譜例四-8】〈祈禱〉[註17]

表四-8　〈祈禱〉詞曲押韻分析表

樂句數	樂句結束音	歌詞	韻部	尾韻	備註
1	〔2〕	中	〔uŋ〕	〔əŋ〕	
2	〔6〕	在	〔ai〕	〔ai〕	隔句韻
3	〔2〕	冬	〔uŋ〕	〔əŋ〕	〔əŋ〕韻

[註15] 王力：《詞律》（北京：中華書局，2015 年 1 月）。王力認為詞牌為後起，詞譜早已有人制定，而制定之詞譜便是古人照填之樣品。

[註16] 顧炎武：《日知錄》（臺北：明倫出版社，1970 年 9 月），頁 598。

[註17] 翁倩玉：《愛的炫風・祈禱》（臺北：麗歌唱片，1975 年）。

4	〔6〕	衝	〔uŋ〕	〔əŋ〕	
5	〔2〕	羞	〔iou〕	〔ou〕	〔ou〕韻
6	〔6〕	溜	〔iou〕	〔ou〕	
7	〔2〕	方	〔aŋ〕	〔aŋ〕	〔aŋ〕韻
8	〔6〕	放	〔aŋ〕	〔aŋ〕	

　　〈祈禱〉爲四段落，僅第一段具隔句韻形式，一、二樂句分別以〔əŋ〕、〔ai〕隔句押韻，此首僅八小節，欲由兩句之中判斷音韻之合，不免有巧合之嫌，因二至四段皆爲押韻並不整齊，第一段「叫成功永遠在」之「在」字，無法以他字替代，遂成隔句韻形式，作者是否爲自覺性塡詞無從得知，〈祈禱〉緊出現一次隔句換韻，若作者刻意運用隔句韻，對於韻腳會特殊強調，如連續呈現隔句押韻，如〈蝴蝶飛呀〉：

【譜例四-9】〈蝴蝶飛呀〉〔註18〕

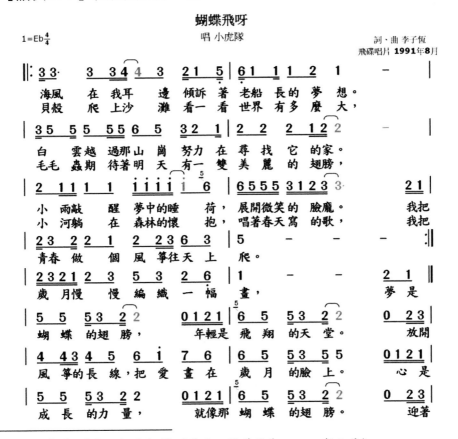

〔註18〕小虎隊：《愛‧蝴蝶飛呀》（臺北：飛碟唱片，1991年8月）。

```
4  34 4  5  6  i  7  6 | 5  —  —    3 5 ‖
風 聲愈  大，歌 聲愈 高  亢。        蝴蝶
                                    3 5
i.      6  5     3 5 | i  i i  1 6  5 | 3 5
飛      呀，  就像  童 年在風 裡 跑。 感覺
6 65 6 i   i 65 5 3 | 2 2  12 3  3 | 3 5
臉 上的彩虹 比 海更 遠，比 天  還要 高。 蝴蝶
                                    3 5
i.      6  5     3 5 | i  i    i 6· 5 | 3 5
飛      呀，  飛向  未 來  的城  堡，  打開
6 65 6 i   i 65 5 3 | 2 2  23 1  1 | —  ‖
夢 想的天窗，讓 那成 長  更 快  更美 好。
```

表四-9　〈蝴蝶飛啊〉詞曲押韻分析表

樂句數	樂句結束音	歌詞	韻 部	尾 韻	備 註
1	〔1〕	想	〔iaŋ〕	〔aŋ〕	
2	〔2〕	家	〔ia〕	〔a〕	隔句韻
3	〔3〕	龐	〔aŋ〕	〔aŋ〕	
4	〔5〕	爬	〔a〕	〔a〕	隔句韻
5	〔1〕	大	〔a〕	〔a〕	
6	〔2〕	膀	〔aŋ〕	〔aŋ〕	
7	〔3〕	歌	〔ɤ〕	〔ɤ〕	
8	〔1〕	畫	〔a〕	〔a〕	
9	〔2〕	堂	〔aŋ〕	〔aŋ〕	
10	〔5〕	上	〔aŋ〕	〔aŋ〕	
11	〔2〕	膀	〔aŋ〕	〔aŋ〕	
12	〔5〕	亢	〔aŋ〕	〔aŋ〕	
11	〔5〕	跑	〔au〕	〔au〕	
12	〔5〕	高	〔au〕	〔au〕	
13	〔5〕	堡	〔au〕	〔au〕	
14	〔1〕	好	〔au〕	〔au〕	

　　〈蝴蝶飛啊〉的隔句韻出現於開頭，此處僅分析第一段落：一至四句樂句結束音為〔1〕、〔2〕、〔3〕、〔5〕，樂句相應位置之歌詞為「想」、「家」、「龐」、「爬」，為〔aŋ〕、〔a〕間隔韻。相較於〈祈禱〉僅單一出現隔句韻，〈蝴蝶飛呀〉則連續出現兩次，且強調〔aŋ〕、〔a〕韻交錯關係，形成韻與韻間規律變化之句內節奏，〔註19〕，此首更明確地使用隔句韻。

〔註19〕康全誠：〈論古典詩歌的形式〉，《遠東學報》第二十三卷第二期，2006 年 6 月，

　　上述兩首之用韻情況，至多連續兩次運用隔句韻，蓋因樂壇譜例鮮少，
蒐羅匪易，甚幸覓得兩首連續用韻兩次以上之譜例，茲以〈我是一片雲〉及
〈我是不是你最疼愛的人〉分述之：

【譜例四-10】〈我是一片雲〉〔註20〕

表四-10　〈我是一片雲〉詞曲押韻分析表

樂句數	樂句結束音	歌 詞	韻母	尾 韻	備　註
1	〔5〕	雲	〔uən〕	〔ən〕	
2	〔2〕	家	〔ia〕	〔a〕	隔句韻
3	〔5〕	升	〔əŋ〕	〔əŋ〕	

頁 357。該文所言句內節奏，乃指間韻於透過字與字之間的變化，形成一種規
律模式。

〔註20〕鳳飛飛：《我是一片雲‧我是一片雲》（臺北：歌林唱片，1977 年 1 月）。

4	〔1〕	下	〔ia〕	〔a〕	隔句韻
5	〔5〕	雲	〔uən〕	〔ən〕	
6	〔2〕	灑	〔a〕	〔a〕	隔句韻
7	〔5〕	飛	〔ei〕	〔ei〕	⊕
8	〔i〕	掛	〔ua〕	〔a〕	隔句韻

　　由詞人的創作通常可以窺知其學問，挑字用韻卒成詞作，乃因閱讀豐富作品，作家瓊瑤即為其一。其詞作留意押韻，經常可見古典詩文蹤影，〈我是一片雲〉「朝迎旭日勝，暮送夕陽下」，則有王禹偁〈黃州新建小竹樓計記〉文中「送夕陽，迎素月」之聯想。〔註21〕本曲為難得一見之隔句押韻，從韻的結構可當成兩句一韻押〔a〕韻，但此首之速度和緩，屬於慢板之歌，看作隔句韻亦合理。整首幾乎以〔ən〕、〔a〕隔句押韻，而「飛」字因其位置該押韻而未押，但仍符合隔句換韻相合之模式，畢竟此例稀有。

【譜例四-11】〈我是不是你最疼愛的人〉〔註22〕

我是不是你最疼愛的人

唱 潘越雲

詞 小蟲 曲 小蟲
1980年 滾石唱片

1=G 4/4

〔註21〕〔宋〕王禹偁，《小畜集》，四部叢刊初編縮本（臺北：臺灣商務印書館，1965年）。

〔註22〕潘越雲：《我是不是你最疼愛的人‧我是不是你最疼愛的人》（臺北：滾石唱片，1989年9月）。

最疼愛 的人，你為什麼 不 說 話？　　當我需要

你的 時 候 你卻 沉 默　　不 說。(僅摘第一段，以下略)

表四-11　〈我是不是你最疼愛的人〉詞曲押韻分析表

樂句數	樂句結束音	歌 詞	韻 母	尾 韻	備 註
1	〔1〕	後	〔ou〕	〔ou〕	
2	〔5〕	我	〔uo〕	〔o〕	隔句韻
3	〔1〕	尤	〔iou〕	〔ou〕	
4	〔5〕	我	〔uo〕	〔o〕	隔句韻
5	〔i〕	話	〔ua〕	〔a〕	
6	〔5〕	說	〔uo〕	〔o〕	隔句韻
7	〔i〕	話	〔ua〕	〔a〕	
8	〔i〕	說	〔uo〕	〔o〕	隔句韻

　　〈我是不是你最疼愛的人〉之隔句韻之現象可分兩段分析：第一樂段一至四句之樂句結束音為〔1〕、〔5〕、〔1〕、〔5〕，樂句相應位置之歌詞為「後」、「我」、「尤」、「我」，以〔ou〕、〔ou〕隔句押韻；第二段落副歌樂句結束音為〔i〕、〔5〕、〔i〕、〔i〕，樂句相應位置之歌詞為「話」、「說」、「話」、「說」，〔a〕、〔o〕隔押句押韻。本曲前半段旋律平穩，〔ou〕、〔ou〕錯落於歌曲中，韻相近，韻近則情感相近，[註23]符合副歌前娓娓道來之鋪陳。

　　本節探討間韻於流行歌曲之現象，由譜例四-1 至四-11 觀察，使用間韻的歌曲，通常只偶爾於中間幾處，至於無法寫長之因，本文判斷原因有二，一為巧合（如〈祈禱〉），一為作者刻意使用。間韻甚難不刻意，因其為兩個不同韻的連續使用，以本文第三章換韻現象，如段落換韻中 ABCD 形式，四個段落分屬不同韻，而間韻乃 ABAB 形式，這意味創作者於意識中便知覺需更換韻字，而且是重覆循環的韻，就研究推論，間韻應為有意之作，是一種有意識的創作思維，可視為文字遊戲下的趣味創作，除非巧匠作手，玩得極熟，否則不易在整首歌曲中呈現。

〔註23〕王易：《詞曲史》，（臺北：廣文書局，1960 年），頁 283。

第二節　句中韻

　　句中韻之研究多以古詩、新詩爲探討內容，關於流行歌曲句中韻仍僅就歌詞說明爲主，如劉祐銘：〈臺灣國語流行歌詞用韻研究（1998～2008）〉；張璧瑩：〈戒嚴時期臺灣流行歌曲研究（1949～1987）〉；謝憶凡：〈羅大佑國語歌詞之語言風格研究〉等，〔註24〕其論文均不涉及旋律與歌詞間之關係，本節依舊以詞、曲共同探討句中韻現象。

　　竺家寧《語言風格與文學韻律》對句中韻之描述如下：

> 　　一個句子當中，有些字可以至互相協韻，這是作者可以自由彈性運用的地方。例如有時是第一、三、五字相押，有時出現的位置不規則，比如二、三、七字相押等等。〔註25〕

若由聽眾聆聽角度，一般認爲樂句或歌詞結束就該押韻，而人們之所以留意句中韻的現象，乃因歌曲進行間，某個音符拉長時，歌詞亦隨著唱得比較長，但就某字而言，它並不是該押韻的位置，也非樂句結束音，不過，它若與樂句結束音之韻腳字爲同一個韻部時，即可視爲句中韻。因此判斷句中韻時，與曲調相合觀察爲其必要之方式，單就歌詞觀察，認爲某字與韻部爲相同韻字，便判斷其爲句中韻，往往會失準。

　　因此，句中韻之判斷必須留意它在語意上爲一個段落，本身也自成一個音節；從曲調演唱觀看，拍子或演唱者唱得比較長，才有押韻功效；較易判斷錯的原因爲：在句子結束應該要押韻的地方它並未押韻，不押韻時，曲調將它滑過去，亦即中間幾乎沒空隙，音符因此變短，於節奏緊密之處，中間無空隙，可以不押韻，即使合韻之字也沒有句中韻的意義，茲以〈稻香〉爲例說明判斷錯誤之方式：

　　【譜例四-12】〈稻香〉〔註26〕

〔註24〕張璧瑩：〈戒嚴時期臺灣流行歌曲研究（1949～1987）〉（臺中：國立中央大學中國文學研究所在職專班碩士論文，1995 年）。劉祐銘：〈臺灣國語流行歌詞用韻研究（1998～2008）〉（臺中：靜宜大學中國文學研究所碩士論文，2010年）。謝憶凡：〈羅大佑國語歌詞之語言風格研究〉（臺中：國立中興大學中國文學研究所碩士論文，2015 年）。

〔註25〕同竺家寧：《語言風格與文學韻律》，頁 76。

〔註26〕周杰倫：《周杰倫 JAY 魔杰座·稻香》（臺北：新力博德曼唱片公司，2008 年10 月 14 日）。

```
| 1    -    0    3333 | 5 3 3   3 3 3 3 3 3 3 3 3 3 |
  裡。           所謂的那 快 樂 赤腳 在 田裡追蜻蜓追到

| 5 3 3   3 3 3 3 3 3 3 3 3 3 | 5 3 3   0 3 3 3 2 1 1   0 1 1 1 |
  累 了。偷摘 水 果被蜜蜂給叮到 怕 了。 誰偷笑 呢？ 我靠著

| 5 3 3   3 2 2   2 1 1   1 2 3 | 2 0 1 0 1 1 6 1 1 1 1 1 1 2 3 |
  稻草人。吹著風，唱著歌，睡著了。  哦  哦，午後吉他在蟲鳴中更清脆。

| 2 0 1 0 1 1 6 1 1 1 1 1 1 2 3 | 0·   1 3 4   3 3 2 2 1 2 1 2 3 |
  哦  哦，陽光灑在路上就不怕心碎。     珍惜  一 切就算沒有擁

| 1    -    0    3 4 5 :| 1    -    0    3 4 5 |
  有，              還 記得，好            還 記得

| 1    -    -    - | 0    0    0    0 ‖
  好（以下略）
```

此處以摘錄譜例說明：

表四-12 〈稻香〉詞曲押韻分析表

樂句數	樂句結束音	歌 詞	韻母	尾 韻	備 註
1	〔3〕	了	〔ɤ〕	〔ɤ〕	
2	〔1〕	了	〔ɤ〕	〔ɤ〕	
3	〔3〕	呢	〔ɤ〕	〔ɤ〕	
4	〔3〕	人	〔ən〕	〔ən〕	歌者唱成類似「人」〔ɤ〕之韻
4	〔1〕	了	〔ɤ〕	〔ɤ〕	

　　句中韻能夠判斷的直接方式是由歌者演唱時察覺，周杰倫在本樂段以〔ɤ〕為韻腳，並且押韻密集，「稻草人」與「睡著了」中間之所以有押韻感，乃是將「人」唱成〔ɤ〕音，造成兩句韻感相同，又出現於相同句中間，語意上為一個段落，相當接近句中韻之定義。雖然此為周杰倫發音形成句中韻之作用，但這並非句中韻之形式，原因是空隙極短之下音符亦短（定義為唱得長），「人」聽起來似押〔ɤ〕韻，其實本身並不押韻。再則若為韻腳字，也因密度過高，可視為不押韻，周杰倫演唱時不講究咬字清析之例頗為明顯。

　　因此，句中韻的意義在於該處曲調長，並且是為該押韻之字，而其字符合韻腳韻部時，那個合韻才有句中韻之意義，以下舉〈男人KTV〉、〈十年〉、

〈往昔〉三首歌曲說明：

【譜例四-13】〈男人 KTV〉〔註 27〕

男人 KTV

1=C 4/4

唱 胡彥斌

詞 林文炫 曲 胡彥斌
科藝百代唱片 **2008年7月**

```
| 0 1 1 2 2 1 6 5 | 5 - 0 0 | 0 1 7 6 5 0· 2 |
   前奏才剛剛響起，              就有人哭紅了 眼

| 3 - 0 0 | 0 1 1 6 6 - | 5 5 6 3 5 5 3 2 |
  睛，       唱著他們     的訂情曲。對不起。

| 2 0 5 5 3 4 3 2 | 2 1 1 - 0 1 2 | 1 5 5 1 4 4 |
  點了你的傷心 過去。              男人

| 0 1 1 2 2 1 2 1· | 6 3 5· 5 0 | 0 1 1 7 7 7 6 5 5 |
  一堆男人下了班 不 回去，        十幾個人 關在 K

| 6· 3 3 - 0 | 0 1 1 6 6· 5 | 3 3 3 2 2 2 1· 0 1 2 |
  T V。         唱著青春 隨 風遠去的回憶，說這

| 3· 6 6 6 6 3 4 3 2 1 | 3· 2 2 - - | 0 0 0 1 2 |
  年 頭 還有什麼 讓我們 動 心，              男人

| 3 - 3 2 1 2 | 2 6 6 0 6 1 | 2· 3 2 1 6 5 |
  歌，   唱給誰來 聽，       下一首， 有沒有你心

| 5 3 3 - 5 6 | 1 6 1 1 0 6 5 | 6 1 1 3 2 3· 0 3 |
  情。    我和你吻別。    在 無人的 街。     張

| 2 1 1 6 3 4 3 2 | 2 - 0 1 2 | 3 - 3 2 1 2 |
  學友唱出我的情 結。        男人 歌，   唱給誰來

| 2 6 6 0 6 1 | 2· 3 2 1 6 5 | 5 3 3 - 6 5 |
  聽，     下一首， 有沒有你心 情。        你的

| 3 3 - 0· 6 | 6 5 5 3 5 6 1 1 | 6 3 2 2 1 2 2· 6 |
  背包，     讓我走的好緩慢，  陳 弈迅那首歌， 是

| 3 2 2 1 2 2· | 1 2 3 - 6 5 | 5 - 0 |
  唱的他自己， 男人 歌，     原來，

| 1 7 6 5 3 2 3 2 | 2 6 1 1 1 ‖
  唱的 都是 不 敢 說 的 心 情。（以下略）
```

〔註 27〕 胡彥斌：《音樂斌潮胡彥斌·男人 KTV》（臺北：科藝百代唱片，2008 年 7 月）。
（本資料來自國家圖書館 ISRC 資料庫）。（http://www.pmdb.org.tw/index.jsp），2016
年 12 月 24 日檢索。

表四-13　〈男人KTV〉詞曲押韻分析表

樂句數	樂句結束音	歌　詞	韻　部	尾　韻	備　　註
1	〔5〕	起	〔i〕	〔i〕	「心」字鼻音通押
2	〔3〕	晴	〔iŋ〕	〔əŋ〕	
3	〔3〕	曲	〔y〕	〔y〕	
4	〔2〕	起	〔i〕	〔i〕	句中韻
5	〔1〕	去	〔y〕	〔y〕	〔i〕〔y〕通押
6	〔5〕	去	〔y〕	〔y〕	〔i〕〔y〕通押
7	〔3〕	V	〔i〕	〔i〕	
8	〔i̇〕	憶	〔i〕	〔i〕	「心」字鼻音通押
9	〔2̇〕	心	〔in〕	〔ən〕	
10	〔6〕	聽	〔iŋ〕	〔əŋ〕	
11	〔3̇〕	情	〔iŋ〕	〔əŋ〕	
12	〔i̇〕	別	〔ie〕	〔e〕	句中韻
13	〔3̇〕	街	〔ie〕	〔e〕	
13	〔2̇〕	結	〔ie〕	〔e〕	
14	〔6〕	聽	〔iŋ〕	〔əŋ〕	
15	〔3̇〕	情	〔iŋ〕	〔əŋ〕	
16	〔2̇〕	己	〔i〕	〔i〕	句中韻
17	〔1〕	情	〔iŋ〕	〔əŋ〕	

　　〈男人KTV〉的寫作手法是流行音樂這幾年經常使用的，於旋律中穿插引用其他高傳唱度的歌為新曲幫腔，是一種犯調的演唱，與古代集曲式之方式一樣，除主調之外，中間穿插其他曲牌的樂段。〔註28〕本曲巧妙串聯張學友的〈吻別〉（何啓弘／殷文琦／張學友／寶麗金／一九九三）及陳奕迅的〈你的背包〉（林夕／蔡宗政／陳奕迅艾迴唱片／二〇〇二）兩首歌曲，詮釋舊曲時，作者將曲轉調成原曲之音符，運用戲曲與民間音樂「集曲式犯調」的技術來編寫成一首新歌，〔註29〕以這兩首歌原曲中比較好聽、傳唱度高的副歌，衍生新的歌曲，從轉調到歌詞意境而言，合乎邏輯且手法高明。

〔註28〕林雅秋：〈集句與犯調研究〉（臺中：逢甲大學中國文學系碩士論文，2012年6月），頁88。
〔註29〕同李時銘：《詩歌與音樂論稿》，頁181～183。

　　一至四樂句可以視作〔i〕〔y〕通押韻，「睛」字唱法的鼻音不明顯，和「起」字沾到些韻（曲、起）；第三、四樂句從「定情曲」、「對不起」來看，「曲」和「起」刻意唱得接近，就上述定義（「起」，並非該押韻位置，亦非樂句結束音，但與樂句結束音之韻腳字「去」爲同一個韻部，〔i〕〔y〕通押）而言，「起」可視爲句中韻。「KTV」的「V」也可算是押韻，與〔i〕通押，連同後面的「心」〔ən〕多一個鼻音通押。

　　此外，「別」「己」字，因於該處曲調長，在通押狀況之下符合韻腳韻部，均爲句中韻之例。〈男人 KTV〉插入的兩首副歌中，〈吻別〉部分押韻相合，但〈你的背包〉則不押韻，因爲〈你的背包〉原詞無法更改，只能讓它不押韻。

　　有些曲子雖是合韻，但它們不能判爲句中韻之因是，歌手演唱時並未將它當成韻字演唱，若唱者刻意將它唱成韻，引致句中韻之可能性較高，如〈十年〉及〈往昔〉兩首：

【譜例四-14】〈十年〉〔註30〕

十年
唱 陳奕迅

1=D $\frac{2}{4}$

詞 林夕 曲 陳小霞
艾迴唱片 **2003年4月**

〔註30〕陳奕迅：《黑白灰‧十年》（臺北：艾迴股份有限公司，2003 年 4 月）。

```
| 1·6 6  0 1 7 6 | 7  4 3 2  7 1 | 1      0 1 2 3 | 6·  3 4  5 3 |
  一  樣， 陪在一   個 陌 生人  左右。        走過漸   漸 熟悉 的街
| 3  2  1 2 5 3 | 3·  3 3 4 5 6 | 2·  2 2 4 3 2 | 1·  3 3 2 1 7 |
  頭。十年之  後，  我  們是朋 友。  還 可以問候。  只 是那種
| 1·6 6  0 1 7 6 | 7  4 3 2 3 2 | 2 1·   0 1 2 3 | 6·  6 3  1 2 |
  溫  柔， 再也找   不 到擁 抱 的  理  由。     情人 最 後 難免淪為，
| 2·     1 7 | 1   -   | 0   0  | 0    0 1 2 |
  朋·    友。              直到
| 3  3  2  3 | 2 3 5 1 0   3 | 2  2   2 1 7 | 1·  1 1 7 6 1 |
  和 你 做 了  多 年 朋 友，   才  明 白 我的 眼   淚，不是 為你而
| 6    -   | 0·  5 3 2 1 2 | 1   -   | 1   0   ‖
  流。         也為別 人而   流。
```

表四-14　〈十年〉詞曲押韻分析表

樂句數	樂句結束音	歌詞	韻部	尾韻	備註
1	〔6̣〕	受	〔ou〕	〔ou〕	
2	〔6̣〕	手	〔ou〕	〔ou〕	
3	〔1〕	遊	〔iou〕	〔ou〕	
4	〔6̣〕	走	〔ou〕	〔ou〕	
5	〔3〕	候	〔ou〕	〔ou〕	句中韻
6	〔4〕	受	〔ou〕	〔ou〕	
7	〔3〕	流	〔iou〕	〔ou〕	
8	〔1〕	右	〔iou〕	〔ou〕	
9	〔2〕	頭	〔ou〕	〔ou〕	
10	〔6̣〕	柔	〔ou〕	〔ou〕	
11	〔1〕	友	〔iou〕	〔ou〕	
12	〔6̣〕	流	〔iou〕	〔ou〕	
13	〔1〕	流	〔iou〕	〔ou〕	

　　〈十年〉爲〔ou〕韻到底之歌曲，第五樂句的「候」字在此爲押韻，且爲句中韻，陳奕迅將「候」字以強調的方式演唱，單就詞可以不押韻，卻因刻意而達到成韻之效。

　　葉桂桐《中國詩律學》關於句中韻，曾舉《詩經·豳風》爲例：

　　　　如《詩經·豳風》中的〈九罭〉詩：「鴻飛遵渚，公歸無所，

　　於女信處。鴻飛遵陸，公歸不復，於女信宿。」一句「飛」、「歸」押韻。〔註31〕

這就是以一句歌詞中，在相同音節處用同韻部的字，便視為句中韻，而句中韻又與原韻不同：上章三句押魚部，下章三句押幽部，「飛」、「歸」則屬脂部。〔註32〕用於流行歌曲，能達成此效果亦算沾上定義，不過若歌手演唱時特別強調某歌詞，就容易形成句中韻，如〈往昔〉：

【譜例四-15】〈往昔〉〔註33〕

往昔

1=C 4/4　　唱 林慧萍

詞 晨曦 曲 日本曲
歌林唱片 1982年12月23日

i· ii· i2　i　｜3　2　3　2　｜i· iiii2　i　｜
一朵盛開的　花，　如　詩　如　畫。　你的微笑多芬　芳，

3　2　3　2　｜3333 3755　｜3 2 i　－　0 i　｜
高　雅　高　雅。　可愛的你不知到那　裡去，　　卻

222　－　2 i　｜7 i　i　－　－　｜i　－　i　－　｜
留下了　　無限　情誼。

i· iiiii　｜351　7 7　677·　5　｜6·　5 4·　3　｜
可　是你會記得，我們曾　許下　的承諾。　多　情　多感　永

2 2465　｜i· ii　iii　｜351　7 7　777·　｜
在　心坎，　　春天的　柳絮，　湖面的浮萍　和漣漪，　我

6·　67　65　｜i　－　－　i· 7　6　6167　－　｜
們　曾呢　喃嘆　息。　　　　多美妙，啊往昔，

6　465·　3　｜－　02 213　5　｜－　－　－　｜
如　今迷離。　和　冷　　漠圍繞著　我，

6666 667 i　i 6　｜2·　4443 2　｜i· iiii2　i　｜
如果你聽見是否仍沉　默。　喔喔，就像　一朵盛開的　花，

〔註31〕 葉桂桐：《中國詩律學》（臺北：文津出版社有限公司，1998 年 1 月），頁 44。
〔註32〕 程俊英、蔣見元：《詩經注析》下（臺北：中華書局，1991 年 10 月 1 日），頁 432。
〔註33〕 林慧萍：《往昔‧往昔》（臺北：歌林唱片公司，1982 年 12 月 23 日）。

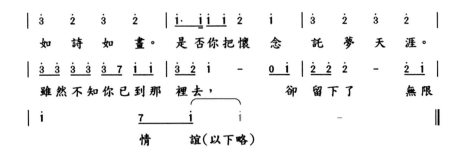

表四-15　〈往昔〉詞曲押韻分析表

樂句數	樂句結束音	歌　詞	韻　部	尾　韻	備　註
1	〔2̇〕	畫	〔a〕	〔a〕	
2	〔2̇〕	雅	〔ia〕	〔a〕	
3	〔i〕	去	〔y〕	〔y〕	〔y〕〔i〕通押
4	〔i〕	誼	〔i〕	〔i〕	
5	〔4〕	感	〔an〕	〔an〕	句中韻
6	〔5〕	坎	〔an〕	〔an〕	
7	〔7〕	漪	〔i〕	〔i〕	
8	〔i〕	息	〔i〕	〔i〕	
9	〔7〕	昔	〔i〕	〔i〕	
10	〔5〕	離	〔i〕	〔i〕	
11	〔5〕	我	〔uo〕	〔o〕	
12	〔2̇〕	默	〔o〕	〔o〕	
13	〔2̇〕	畫	〔a〕	〔a〕	
14	〔2̇〕	涯	〔ia〕	〔a〕	
15	〔2̇〕	去	〔y〕	〔y〕	〔y〕〔i〕通押
16	〔i〕	誼	〔i〕	〔i〕	

　　〈往昔〉的旋律是日本曲，由分析表的樂句可大略看出，其為〔a〕→〔i〕
→〔o〕三個韻換韻之歌曲，歌詞裡的「諾」、「坎」並沒有押韻，但「多情多
感，永在心坎」的「感」與「坎」歌手加重音演唱時就有韻味。這兩句歌詞
的句子寫得很短，聽不出押韻，若配合曲調觀察，「多情多感」與「永在心坎」
即使句短卻是兩個樂句，且林慧萍唱得稍長，可以視為句中韻。因此，押韻
不能完全只看歌詞，需要配合曲調一併觀察，假設春「天」，湖「面」這兩句
曲調唱得長，也可視為押韻，但此處唱得短，便無押韻效果。

　　句中韻是在語意完整一段樂句中間，出現的音韻效果，儘管有通押情況，但韻相近或相同，在句中韻的感受尚在，與同一段落韻字相合，產生和諧效果即可視為句中韻效果，本文無從得知作者是否為有意，僅就觀察現象做解釋與分析。

第三節　虛字押韻

　　中國詩歌與辭賦的虛字並不常當成韻字，因為虛詞並沒有實質意義，只做為表現某種特定語氣及語法功能，〔註34〕王力以《詩經》「參差荇菜，左右采之；窈窕淑女，琴瑟友之。」〔註35〕說明，即使出現虛字，對於韻腳而言押的是前一個字。〔註36〕流行歌曲經常出現的虛字多半也是作為歎詞並非韻字。本文觀察中，流行歌曲的虛字作用，除歎詞外，亦有助詞效果，甚至直接當成韻字，茲就〈祈禱〉、〈站在高崗上〉論虛字之歎詞作用；由〈願嫁漢家郎〉看助詞效果；以〈姐姐妹妹站起來〉探討虛字押韻之現象：

【譜例四-16】〈祈禱〉〔註37〕

祈禱

唱 翁倩玉

詞 翁炳榮　曲 日本曲
麗歌唱片 1975年

（僅摘第一段）

〔註34〕同竺家寧：《語言風格與文學韻律》，頁50。
〔註35〕〔漢〕毛亨撰，〔漢〕鄭玄箋，〔唐〕孔穎達等正義：《毛詩注疏》（臺北：藝文印書館，1981年），頁22。
〔註36〕王力：《詩經韻讀》，《王力文集》第六卷，山東：新華書店，1984年12月第1版。「參差荇菜，左右采之；窈窕淑女，琴瑟友之。」「采」、「友」同為之韻，押「之」字前一韻字。
〔註37〕翁倩玉：《愛的旋風‧祈禱》（臺北：麗歌唱片，1975年）。

表四-16　〈祈禱〉第一段　詞曲押韻分析表

樂句數	樂句結束音	歌　詞	韻　部	尾　韻
1	〔i〕	鐘	〔uŋ〕	〔əŋ〕
2	〔2̇〕	中	〔uŋ〕	〔əŋ〕
3	〔1〕	敗	〔ai〕	〔ai〕
4	〔6̣〕	在	〔ai〕	〔ai〕

【譜例四-17】〈站在高崗上〉〔註38〕

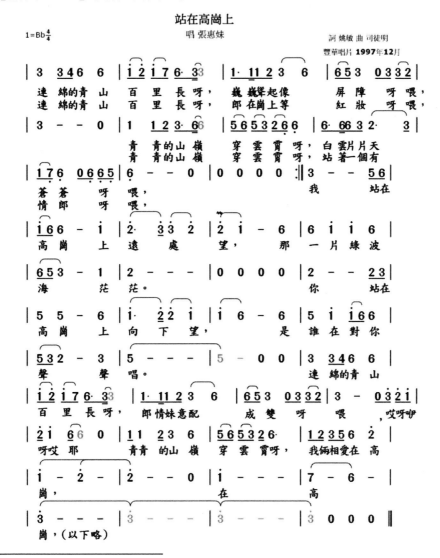

〔註38〕張惠妹：《妹力四射·站在高崗上》（臺北：豐華唱片，1997 年 12 月）。

表四-17 〈站在高崗上〉詞曲押韻分析表

樂句數	樂句結束音	歌詞	韻 部	尾 韻
1	〔3〕	障	〔aŋ〕	〔aŋ〕
2	〔6〕	蒼	〔aŋ〕	〔aŋ〕
3	〔3〕	妝	〔aŋ〕	〔aŋ〕
4	〔6〕	郎	〔aŋ〕	〔aŋ〕
5	〔2〕	望	〔aŋ〕	〔aŋ〕
6	〔2〕	茫	〔aŋ〕	〔aŋ〕
7	〔i〕	望	〔aŋ〕	〔aŋ〕
8	〔5〕	唱	〔aŋ〕	〔aŋ〕
9	〔3〕	雙	〔uaŋ〕	〔aŋ〕
10	〔i〕	崗	〔aŋ〕	〔aŋ〕

〈祈禱〉「呀」為虛字，但唱得很短，若以「呀」當韻腳，第一段後面的歌詞便無法呈現押韻，押的是前一個「鐘」字。〈站在高崗上〉「呀」、「呀喂」亦為不押韻，押的是前一字「障」、「蒼」、「妝」、「郎」、「雙」，皆押〔aŋ〕韻。這兩首皆為虛字前之押韻情形，雖置於樂句結束音，詞人將之視作虛字，不作韻字。另有作為助詞用之虛字，如〈願嫁漢家郎〉：

【譜例四-18】〈願嫁漢家郎〉〔註39〕

願嫁漢家郎

唱 紫薇

1=D 2/4

詞 王景義（黃河/莊奴）曲 周藍萍
香港百代 **1958**年

| 2 236 61 | 2 － | 3.332 1 12 | 1 6. |

彎 彎的藤 麻兒 喲，　　爬 呀爬在大　樹　上 啊。

〔註39〕 紫薇：《水擺夷之戀・願駕漢家郎》（香港：百代唱片，1958 年）。歌曲資料來源有二：一為 1958 年前後，周藍萍因為在報上看到莊奴寫的散文詩，便找他來寫歌詞。當時莊奴覺得自己默默無聞，「大音樂家」卻願意來找他，十分感動。兩人很快就共同創作出電影《水擺夷之戀》中的歌曲〈願嫁漢家郎〉，也開啟了莊奴的歌詞創作之路。收錄於張淑伶：〈為鄧麗君寫歌　莊奴創作之路從電影開始〉（臺北：中央通訊社，2016 年 10 月 11 日）。（http://www.cna.com.tw/news/firstnews/201610110443-1.aspx）2017 年 2 月 19 日檢索。一為行政院文化建設委員會：《老照片・電影紀事館》（http：//can.cca.gov.tw/movies/a03.htm），2017 年 2 月 19 日檢索。

表四-18　〈願嫁漢家郎〉詞曲押韻分析表

樂句數	樂句結束音	歌　詞	韻　部	尾　韻
1	〔1〕	上	〔aŋ〕	〔aŋ〕
2	〔2〕	塘	〔aŋ〕	〔aŋ〕
3	〔1〕	上	〔aŋ〕	〔aŋ〕
4	〔2〕	郎	〔aŋ〕	〔aŋ〕
5	〔6〕	裝	〔uaŋ〕	〔aŋ〕
6	〔2〕	樣	〔iaŋ〕	〔aŋ〕
7	〔2〕	亮	〔iaŋ〕	〔aŋ〕
8	〔2〕	陽	〔iaŋ〕	〔aŋ〕
9	〔6〕	郎	〔aŋ〕	〔aŋ〕

10	〔6̇〕	郎	〔aŋ〕	〔aŋ〕
11	〔2̇〕	郎	〔aŋ〕	〔aŋ〕
12	〔2̇〕	郎	〔aŋ〕	〔aŋ〕

　　由表格分析可知韻腳均在〔aŋ〕韻，中間「喲」及「啊」兩虛字，以歌詞言，並不能算韻腳，若由實際演唱則須考慮其韻腳作用，尤其此首歌詞後面若沒有這兩個語助詞，聽覺會感到怪異，原因是「輕紗裝」、「月亮」兩句歌詞短，樂句結束相應位置的「裝」、「亮」押韻意義不大，之後的語助詞在此能產生押韻作用。

　　上述三首歌曲虛字只作歎詞或助詞用，而將虛字作韻字之歌曲，〈姐姐妹妹站起來〉之運用，則爲明顯：

【譜例四-19】〈姐姐妹妹站起來〉〔註40〕

姊姊妹妹站起來

〔註40〕陶晶瑩：《我變了‧姊姊妹妹站起來》（臺北：豐華唱片，1999 年 9 月 2 日）。

表四-19　〈姐姐妹妹站起來〉詞曲押韻分析表

樂句數	樂句結束音	歌詞	韻部	尾韻
1	〔6〕	吧	〔a〕	〔a〕
2	〔5〕	大	〔a〕	〔a〕
3	〔2〕	扎	〔a〕	〔a〕
4	〔3〕	差	〔a〕	〔a〕
5	〔6〕	家	〔ia〕	〔a〕
6	〔5〕	花	〔ua〕	〔a〕
7	〔2〕	話	〔ua〕	〔a〕
8	〔6〕	啦	〔a〕	〔a〕
9	〔6〕	壞	〔uai〕	〔ai〕
10	〔6〕	來	〔ai〕	〔ai〕
11	〔5〕	來	〔ai〕	〔ai〕
12	〔1〕	開	〔ai〕	〔ai〕
13	〔6〕	吧	〔a〕	〔a〕
14	〔5〕	呀	〔a〕	〔a〕
15	〔2〕	花	〔ua〕	〔a〕
16	〔3〕	下	〔ia〕	〔a〕
17	〔6〕	怕	〔a〕	〔a〕
18	〔5〕	大	〔a〕	〔a〕
19	〔2〕	價	〔ia〕	〔a〕
20	〔6〕	它	〔a〕	〔a〕

　　〈姊姊妹妹站起來〉是 AABAAB 之歌曲形式，除段落換韻之外，調式同時轉換，為理想的段落換韻。韻腳幾處為虛字音（「吧」、「啦」、「呀」），本節開頭言中國詩歌與辭賦的虛字，並不常當成韻字，因為虛詞並沒有實質的意義，只做為表現某種特定語氣及語法功能，〔註41〕但古代虛字亦有作押韻之用，故，虛字於押韻的作用具有彈性的雙重身分，既能視為押韻亦可不押韻，如「兮」、「之」、「乎」、「者」、「也」亦為兩用，可令創作多一種選擇，〈姊姊妹妹站起來〉此首則是用虛字押韻，詞中「啦」、「呀」、「吧」虛字在此即視作押韻。

　　虛字用法通常有兩種原因，一為無法覓得合適字時，找一個和前後相合

〔註41〕同竺家寧：《語言風格與文學韻律》，頁50。

的虛字押韻，此首前一句「想起你說的情話」之「話」字，後面找相合的「哭得眼淚嘩啦啦」之「啦」字；一為填詞時，某段旋律著實填不上詞，便使用虛字，當代流行歌曲之所以有此現象，多半與業界採取先有曲後填詞有關，〔註42〕因為詞人無法於旋律中，嵌進合宜韻字所產生之情況。

第四節　完全不押韻

　　音樂具有規律性，無論從高音的頻率或節奏而言，所計較的都十分細微，例如，高音差一個音分就不準，一個半音才一百音分，節奏更是細分到幾分之一秒，因此音樂的要求十分精準，亦可說是一種科學理論，來自自然的科學。如「梵音」，就是自然的聲音，一個音出現就有一個梵音，本身就悅耳動聽，這完全出於自然。

　　詩歌押韻亦出於自然，然，詩歌是否可以不押韻？什麼情況下可不押韻？李時銘先生以齊言體較規整，雜言體則長短交錯的押韻現象，提出有些歌即為不押韻之論述，更舉《詩經》〈周頌〉幾乎一半不押韻，原因是〈周頌〉的詩歌過於緩慢，許久才出現一個押韻，失去押韻意義，因此詩歌可以不押韻。〔註43〕竺家寧《語音學和詩歌韻律》探討如何歸納《詩經》押韻類型時說：「如果一連三句沒有韻腳，那就不是疏韻，而是無韻了。」〔註44〕本文於研究過程中發現，不押韻的歌曲並不多見，在少數不具押韻的歌曲仍然可以流傳，如劉文正〈遲到〉及國語版〈舞女〉：

【譜例四-20】〈遲到〉〔註45〕

遲到

唱 劉文正

$1=C\frac{4}{4}$

詞·曲 陳彼得
東尼唱片 1981年

‖: 1　1　12·　| 3　－　－　－　| 2　1　16̇6̇　| 5　－　－　－　|

你　到　我身　邊，　　　　帶　著　微　笑，
直　到　有一　天，　　　　你　心　中有個　他，

〔註42〕楊偉成：〈文字的勝負——寫出一塊思想形狀：馬世芳 X 馬莎〉收錄於雜誌《Shopping Design》，（臺北：巨思文化股份有限公司，2016 年 2 月 5 日 87 期），頁 40。
〔註43〕同李時銘：〈論詩歌與音樂之共性——從遺言／音節出發的考察〉，頁 18。
〔註44〕同竺家寧：《語言風格與文學韻律》，頁 396。
〔註45〕劉文正：《卻上心頭·遲到》（臺北：東尼唱片，1981 年）。

```
|5 - - -|3  3  3  3|5  5  321|2 - - -|
         帶 來  了  我 的 煩    惱，
         你 會 了  解 我 的 感    覺，

|3  3  34|5 - - -|3  3  211|4 - - -|
 我 的 心  中，    早 已 有 個  她，
 愛 要 真  誠，    不 能 分  享

|5 - - 53|2  2  32|1 - - -|3 - - 32|
 喔，    她 比 妳 先  到，    她
 喔，    對 妳 說 聲 抱

|321 - -|1  1  166|5 - - -|3 - - 32|
                 溫 柔 又 可  愛，     她

|321 - -|4  4  4  45|5 - -:‖1 - - -‖:
         美 麗 又 大  方，      歉

|5 - - 53|2  2  3  21|1 - - -:‖
 喔     對 你 說 聲 抱  歉，
```

表四-20　〈遲到〉詞曲押韻分析表

樂句數	樂句結束音	歌詞	韻部	尾韻
1	〔2〕	惱	〔au〕	〔au〕
2	〔1〕	到	〔au〕	〔au〕
3	〔5〕	愛	〔ai〕	〔ai〕
4	〔5〕	方	〔aŋ〕	〔aŋ〕
5	〔2〕	覺	〔ye〕	〔ie〕
6	〔1〕	歉	〔ian〕	〔an〕

【譜例四-21】〈舞女〉〔註46〕

舞女

唱 龍飄飄

1=C 2/4

詞 寒潔 曲 俞隆華
鄉城唱片 1984年9月

```
|0  05|5  653 2|1.  2|123|0  35|5  56|
 多 少 人 為  了 生 活，   歷 盡 了
```

〔註46〕龍飄飄：《怎能再回頭‧舞女》（馬來西亞：豐榮唱片，1985年）。

悲 歡 離 合，（悲歡歡離 合）多少人 為 了

生 活， 流 盡 血 淚，（流盡 血 淚） 心

酸 向 誰 訴，

啊，（國）有誰能夠瞭 解 做舞女的 悲 哀，暗暗流著

啊，（閩）誰人會凍瞭 解，做舞女的 悲 哀。暗暗流著

眼 淚，也要對人笑嘻 嘻， 啊，

目 屎，也是格甲笑咳 咳。 啊，

來來來來 跳 舞，腳步開始搖 動， 就不管他

來來來來 跳 舞，腳步開始搖 動， 就不管他

人 是 誰， 人 生 是 一 場

人 是 誰， 人 生 是 一 場

夢，

夢。（以下略）

表四-21　〈舞女〉詞曲押韻分析表

樂句數	樂句結束音	歌 詞	韻 部	尾 韻
1	〔3〕	活	〔uo〕	〔o〕
2	〔3〕	合	〔ɤ〕	〔ɤ〕
3	〔3〕	活	〔uo〕	〔o〕
4	〔1〕	訴	〔u〕	〔u〕
5	〔5̇〕	解	〔ie〕	〔e〕
6	〔2〕	哀	〔ai〕	〔ai〕
7	〔i〕	淚	〔ei〕	〔ei〕
8	〔5〕	嘻	〔i〕	〔i〕

| 9 | 〔ɔ〕 | 誰 | 〔ei〕 | 〔ei〕 |
| 10 | 〔i〕 | 夢 | 〔əŋ〕 | 〔əŋ〕 |

　　〈舞女〉原爲陳小雲以閩南語演唱的歌曲，因此押韻不會有問題，龍飄飄之後改唱國語，爲了符合原舞女歌詞意境，副歌部分幾乎爲閩南語之直譯，在旋律不變，歌詞直譯下，「解」、「哀」成爲倒字，詞曲不合之情況明顯，不押韻成爲整首歌曲的現象。

　　〈遲到〉整首幾乎不押韻，勉強「惱」與「到」合韻，但中間相隔距離過長，押韻效果消失。事實上，完全不押韻的歌曲並不易得，但，〈遲到〉、〈舞女〉兩首歌曲在不押韻的情況下，仍具傳唱度，與時下劉文正當紅，新曲出版不斷於廣播、電視強力打歌，儘管不押韻，在旋律流暢下，仍是順耳的歌曲。〈舞女〉則是以閩南語演唱流傳於民間，配上國語歌詞，在意境完全移植於動聽旋律之下，傳唱至今。

　　流行歌曲是否可能走向不押韻，或許押韻的情況並不嚴格，而押韻之所以嚴格主要還是來自格律化，與作詞人黃婷於座談對話過程，[註47] 她說明國語流行歌曲的押韻是塡詞人的基本思維，通常不押韻的歌曲在唱片製作前便於比稿時出局，可見樂壇對於歌詞押韻的要求，是一項金科玉律。

　　Rap 風格的流行歌曲，近年方興未艾，歌詞仍力求句尾押韻，且因敘述性之故，文字密度甚高，若是流行歌詞皆以大量文字敘述而成爲書面語，就容易與音樂脫離，脫離後不用唱的歌曲增多，押韻可能不會是主流歌曲的形式，只是，流行歌曲是詞曲結合的完整型藝術，最後必須能唱才有流傳民間的可能，因此流行歌曲的唱與不唱仍有區別。

第五節　其他押韻現象

　　流行歌曲的押韻與古代用韻接近的方式，除一韻到底、通韻、換韻，本文於變格中探討間韻、句中韻與虛字押韻等形式，皆爲觀察所得之分類，雖無法驗證創作者是否將流行歌曲視爲韻文，但是，押韻乃流行歌曲注重的形式已相當明確。當代流行歌曲的押韻並無韻書之類的工具參閱，無論一韻到

〔註47〕黃婷：臺大外文系，從 2005 年入行寫歌詞，第一首發表的作品是梁靜茹《絲路》專輯中的〈我還記得〉。之後便活躍於流行歌詞界，著名歌詞作品有：〈我愛他〉、〈猜不透〉、〈分手後不要做朋友〉、〈好的事情〉等。對話地點於臺北市《2017 金曲音樂人才講座》，2017 年 1 月 14 日

底或換韻，皆無拘束，此種現象古代亦有，〔註48〕儘管沒有限制，流行歌曲並未高喊捨棄押韻，藉以創造新的歌曲形式，即使某些歌曲僅部分押韻，或韻腳不在末句，就本文觀察這類歌曲，仍盡量做到押韻或和諧。

　　本文觀察至今，仍有些現象可探討，此處歸併為其他類別，茲將分別以押韻距離之疏密、部分不押韻、韻腳不在句末三方面，討論流行歌曲朝向押韻的創作方向依舊。

一、押韻距離之疏密

　　《民間詩律》對於押韻的分類還有以下的內容：

　　　　除押韻之外，還有押聲調的；除了押元音的之外，還有押輔音

　　的⋯⋯除了富韻外還有貧韻，除了寬韻還有窄韻。〔註49〕

上述對於寬、窄韻之說明是針對用字之多寡分類，但流行歌曲對於寬、窄韻之討論無法如《民間詩律》或王力所分項之方式進行，〔註50〕本文此處以樂句押韻距離密度寬、窄論述之。

（一）距離寬疏之押韻

【譜例四-22】〈不了情〉〔註51〕

〔註48〕同王力：《漢語詩律學》註，頁350。王力提出唐詩轉韻有隨便換韻之情況，
　　　　模仿古詩少受拘束。
〔註49〕段寶林、過偉編：《民間詩律》（北京：北京人民大學出版社，1987年11月），
　　　　頁3。
〔註50〕同王力：《詩詞格律》註，頁24。其解釋韻寬窄為：韻有寬有窄：字數多的叫
　　　　寬韻，字數少的叫窄韻。寬韻如支韻、真韻、先韻、陽韻、庚韻、尤韻等，
　　　　窄韻如江韻、佳韻等。
〔註51〕美黛：《憶難忘·不了情》（臺北：海韻唱片，1963年）。

```
| 0   0   0565 | i· 76  5 | 0653 26  3 | 2 - - - |
      忘不了你  的淚；      忘不了你  的笑。
      忘不了春  已盡，      忘不了花  已老。
```

```
| 5  5612 7 | 656  0235 | 3226 0567 | 1 - - 0 |
  忘 不了蕭落 的惆悵，  也忘不 了那花開 的煩  惱。
  不了離別 的滋味，  也忘不
```

```
| 0  i 7  6  65 - - | 0  1236  5 | 323 - - |
   寂寞 的長 巷，      而今斜  月 清照。
```

```
| 0  3 2·  i | 176 - 35 | 2·  76   2 | 5 - - 01 |
   冷落 的鞍韉， 而今迎 風輕  搖。      它
```

```
| 2323 565 | 5  0  5613 | 2 - - 27 | 6 - - 52 |
  重複你的叮 嚀，     一聲聲，   忘 了，   忘
```

```
| 3 - - 03 | 5617 656 | 6 - 653 | 2 - 0 27 |
  了。     它 低訴我的衷 曲，     一聲聲，   難
```

```
| 6 - 0 27 | 5 - - - | 0  5 65 :‖ 3226 0567 |
  了，    難 了。      忘不 了，   了那相思 的苦
```

```
| i - - - - - ‖
  惱。
```

表四-22　〈不了情〉詞曲押韻分析表

樂句數	樂句結束音	歌詞	韻部	尾韻
1	〔3〕	了	〔iau〕	〔au〕
2	〔2〕	好	〔au〕	〔au〕
3	〔5〕	抱	〔au〕	〔au〕
4	〔3〕	了	〔iau〕	〔au〕
5	〔2〕	笑	〔iau〕	〔au〕
6	〔1〕	惱	〔au〕	〔au〕
7	〔3〕	照	〔au〕	〔au〕
8	〔5〕	搖	〔iau〕	〔au〕
9	〔3〕	了	〔iau〕	〔au〕
10	〔5〕	了	〔iau〕	〔au〕
11	〔3〕	了	〔iau〕	〔au〕
12	〔2〕	老	〔au〕	〔au〕
13	〔1〕	惱	〔au〕	〔au〕

〈不了情〉為一韻到底之歌曲，整首押〔au〕韻，詞人從「忘不了」至「你的好」韻腳押得有些寬疏。「忘不了」是它的主題，因此反覆強調多次，但，本曲樂句較長，中間韻腳距離過於寬疏時，押韻便失去其效果。不過詞人避免此情況，於「了」→「好」之間使用多次「了」字，促使韻腳緊密些，將原本因距離過寬而可能產生韻感消失的原因排除。

另一首距離寬疏之作品〈365 里路〉則因過寬押韻效果大幅降低：

【譜例四-23】〈365 里路〉〔註52〕

表四-23 〈365 里路〉詞曲押韻分析表

樂句數	樂句結束音	歌詞	韻部	尾韻	備　　註
1	〔1〕	辰	〔ən〕	〔ən〕	〔ən〕〔əŋ〕通押

〔註52〕文章：《365 里路‧365 里路》（臺北：四海唱片，1984 年）。

2	〔3〕	程	〔əŋ〕	〔əŋ〕	
3	〔5〕	宿	〔u〕	〔u〕	
4	〔1〕	獨	〔u〕	〔u〕	
5	〔1〕	土	〔u〕	〔u〕	
6	〔3〕	途	〔u〕	〔u〕	
7	〔5〕	想	〔iaŋ〕	〔aŋ〕	⊕
8	〔1〕	程	〔əŋ〕	〔əŋ〕	⊕
9	〔i〕	路	〔u〕	〔u〕	
10	〔i〕	度	〔u〕	〔u〕	

　　〈365 里路〉第一段落可視爲兩句一韻，第二段「土」、「途」押〔u〕韻，中間「想」、「程」爲調式主音，爲應押而未押韻，直至副歌「路」時才押韻，押韻距離過寬，聽者容易失去對韻感預測，押韻效果下降。另，〈夕陽伴我歸〉之現象更明顯：

【譜例四-24】〈夕陽伴我歸〉〔註53〕

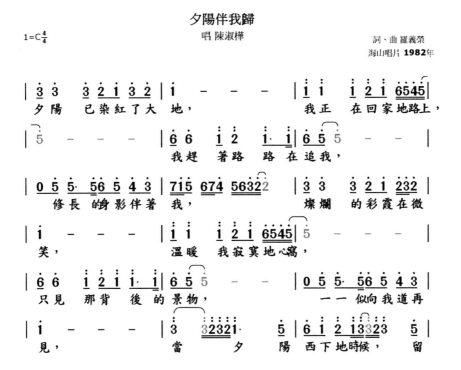

〔註53〕陳淑樺：《夕陽伴我歸‧夕陽伴我歸》（臺北：海山唱片，1982 年 1 月 1 日）。

表四-24　〈夕陽伴我歸〉詞曲押韻分析表

樂句數	樂句結束音	歌詞	韻部	尾韻
1	〔i̇〕	地	〔i〕	〔i〕
2	〔5̇〕	上	〔aŋ〕	〔aŋ〕
3	〔5̇〕	我	〔o〕	〔o〕
4	〔7〕	我	〔o〕	〔o〕
5	〔i̇〕	笑	〔iau〕	〔au〕
6	〔5̇〕	窩	〔o〕	〔o〕
7	〔5̇〕	物	〔u〕	〔u〕
8	〔i̇〕	見	〔ian〕	〔an〕
9	〔5̇〕	霞	〔ia〕	〔a〕
10	〔2̈〕	聲	〔əŋ〕	〔əŋ〕
11	〔i̇〕	家	〔ia〕	〔a〕

　　〈夕陽伴我歸〉幾乎是一首不押韻的歌，除第一段落「我」〔u〕之外，其餘皆不押韻，副歌中的「霞」〔a〕與「家」〔a〕雖可押韻，但兩字間相隔四小節，兩字中間的「聲」字，未有相近或通押之韻相接合，與〈365 里路〉之例相同，皆距離過寬引致押韻效果消弱不明顯。

（二）距離過窄之押韻

　　流行歌曲押韻的密度有愈窄的趨勢，主因是歌詞愈寫愈長，故事性及散文化的詞作大量出現。歌詞創作超過三千首以上的香港詞家林夕，將流行歌詞散文化、小說化、新詩化，歌詞內容多元豐富，〔註 54〕但他的歌詞仍不離

〔註54〕黃蕙婷：《林夕散文研究》（臺北：國立政治大學中國文學系國文教學碩士學位論文，2013 年 7 月），頁 60。

押韻，往往一韻到底卻保有韻文的音樂美感，林夕詞作能為市場接受，其作品對押韻的要求應為原因之一。倘若，詞人於一段歌詞中的押韻密度高，韻字間距離短窄，除了顯得死板外，亦出現聽覺疲乏，如二○○七年〈崇拜〉一曲：

【譜例四-25】〈崇拜〉〔註55〕

崇拜

唱　梁靜茹

詞　陳沒　曲彭學斌
相信音樂　2007年12月

1=D 4/4

〔註55〕梁靜茹：《崇拜‧崇拜》（臺北：相信音樂，2007 年 12 月）。

表四-25　〈崇拜〉詞曲押韻分析表

樂句數	樂句結束音	歌 詞	韻 部	尾 韻	備　　註
1	〔6̣〕	睞	〔ai〕	〔ai〕	
2	〔2〕	在	〔ai〕	〔ai〕	
3	〔6̣〕	愛	〔ai〕	〔ai〕	
4	〔1〕	拜	〔ai〕	〔ai〕	
5	〔6̣〕	了	〔ɤ〕	〔ɤ〕	
6	〔2〕	了	〔ɤ〕	〔ɤ〕	
7	〔6̣〕	了	〔ɤ〕	〔ɤ〕	
8	〔1〕	呢	〔ɤ〕	〔ɤ〕	
9	〔6̣〕	人	〔ən〕		〔ən〕、〔əŋ〕通押
10	〔2〕	能	〔əŋ〕		
11	〔6̣〕	睞	〔ai〕	〔ai〕	
12	〔2〕	在	〔ai〕	〔ai〕	
13	〔6̣〕	愛	〔ai〕	〔ai〕	
14	〔1〕	拜	〔ai〕	〔ai〕	

　　〈崇拜〉譜例共有十四個樂句，由分析表分成四段落分析。第一個段落一至四樂句結束音為〔6̣〕、〔2〕、〔6̣〕、〔1〕，樂句相應位置之歌詞別由「睞」、「在」、「愛」、「拜」，押〔ai〕韻；第二個段落五至八樂句結束音為〔6̣〕、〔2〕、〔6̣〕、〔1〕，樂句相應位置之歌詞別由「了」、「了」、「了」、「呢」，押〔ɤ〕韻；第三個段落九至十樂句結束音為〔1〕、〔5〕，樂句相應位置之歌詞別由「人」、「能」，〔ən〕、〔əŋ〕通押韻；第四個段落十一至十四樂句結束音為〔6̣〕、〔2〕、〔6̣〕、〔1〕，樂句相應位置之歌詞別由「睞」、「在」、「愛」、「拜」，押〔ai〕韻。

　　〈崇拜〉第一段為〔Re〕、〔Sol〕、〔La〕的〔Re〕調式，第二段為〔La〕調式（〔La〕、〔Re〕、〔Mi〕），第三段轉〔Do〕調式（〔Do〕、〔Re〕、〔Sol〕，但它冒出一個La，不將它當成調式音即可，可算押韻。

　　此首押韻情況與其他押在樂句上之歌曲不同，整首歌曲顯現的是韻腳間距離的緊密度相當高，聽者會有不斷有敲打韻腳字的感覺。然，特殊之處在於，因強調韻腳，使其韻腳均置於後半拍，原本弱拍的位置，因押韻關係形成重音倒置，變為切分音效果，後半拍遂成強拍。切分音帶出動力，原本緊

密的押韻使歌曲更加活潑跳躍，此即押韻與曲調配合之現象，救變了〈崇拜〉難以避免的疲乏感。

　　〈愛愛愛〉則是在旋律不長的情況下，密集置放同一韻腳字的歌曲：

【譜例四-26】〈愛愛愛〉〔註56〕

表四-26　〈愛愛愛〉詞曲押韻分析表

樂句數	樂句結束音	歌詞	韻部	尾韻	備　註
1	〔1〕	賊	〔ei〕	〔ei〕	⊕
2	〔3〕	在	〔ai〕	〔ai〕	
3	〔7〕	釵	〔ai〕	〔ai〕	
4	〔2〕	怪	〔uai〕	〔ai〕	

〔註56〕方大同：《愛愛愛・愛愛愛》（臺北：華納音樂，2007年3月）。

5	〔1〕	海	〔ai〕	〔ai〕	
6	〔3〕	愛	〔ai〕	〔ai〕	
7	〔1〕	愛	〔ai〕	〔ai〕	
8	〔1〕	愛	〔ai〕	〔ai〕	
9	〔5〕	快	〔uai〕	〔ai〕	
10	〔1〕	在	〔ai〕	〔ai〕	

　　〈愛愛愛〉一詞出自香港著名詞人周耀輝，他幾乎以創作粵語為主，國語歌詞作品並不多，所做之歌詞在市場卻有頗高的傳唱度。本曲除「賊」字應押而未押韻外，全押〔ai〕韻，十分緊密的押韻，無換韻轉調之下，容易產生聽覺疲乏。近三年竄紅的大陸歌手，李榮浩亦有距離窄狹之作，如〈不搭〉：

【譜例四-27】〈不搭〉〔註57〕

不搭

1=C 4/4
唱 李榮浩

詞 李榮浩 曲 李榮浩
華納唱片 2014年11月

還沒明白 怎麼最自在，怎 麼 樣算失態，是不是穿錯了鞋 帶？

幾年下來 都沒有名牌，沒 好 開口 表白。

故事梗概 是兩小無猜，一 個 故作氣派，看另一個置身事 外。

走也分開 會顯得見外，朋友一 起用手機自拍，也躲 後幾 排。他

們說的失敗 叫苦苦等待，破壞也不願表 態。 現

在這樣看來，行為太古怪，用一個 鏡頭留下感慨，沒姿勢可以 擺。

伴 隨 我這樣好嗎？ 雖然不搭， 目前 還

〔註57〕李榮浩：《李榮浩・不搭》（臺北：華納音樂，2014 年 11 月 28 日）。

```
| 6 6 6 6 6 5   5 5   1 3 3 5   6 | 6 6 6 6 6 5   5 3 2 1 1 1 1 2 1 |
  談  不上牽掛，也不  要  路 人甲的對話，  刻意擺弄頭  髮。

  | 1 | 1·  1 1 5 5 3 3 5 | 0 7 7 6 6    3 3 5  6 |
    伴   隨 你這樣好嗎？     別說 不搭，    可以 總

| 6 6 6 6 6 6   7 7 7 7 7 7   1 | 1 1 1 1 1 1   2 2 3 2 1 1 2   3 |
  是 重複問話，最  近好嗎？    話 題都關於他無 傷 風雅，  誰 愛

| 1 1 1·   0 1 1 6 3 2 1 1 6   1 | 1 -  -  - |
  他？  跟我相愛誰都  不  搭。（以下略）
```

表四-27　〈不搭〉詞曲押韻分析表

樂句數	樂句結束音	歌 詞	韻 部	尾 韻
1	〔2〕	帶	〔ai〕	〔ai〕
2	〔2〕	白	〔ai〕	〔ai〕
3	〔2〕	外	〔ai〕	〔ai〕
4	〔7〕	排	〔ai〕	〔ai〕
5	〔i〕	態	〔ai〕	〔ai〕
6	〔i〕	擺	〔ai〕	〔ai〕
7	〔5〕	嗎	〔a〕	〔a〕
8	〔i〕	髮	〔a〕	〔a〕
9	〔5〕	嗎	〔a〕	〔a〕
10	〔7〕	嗎	〔a〕	〔a〕
11	〔i〕	他	〔a〕	〔a〕
12	〔1〕	搭	〔a〕	〔a〕

　　〈不搭〉為香港詞人黃偉文填詞，詞曲契合度高，換韻同時轉調式，顯而易見的段落換韻。由分析表可見其押韻密度相當高，一、二樂句分別押了「白」、「在」、「態」、「帶」四個〔ai〕韻，至副歌前共使用二十二個〔ai〕韻腳字，頻率之繁相當少見，之後的副歌也用了十二個〔a〕韻，若中間無轉調換韻，在韻腳如此緊密下，全首押同一韻除單調外，疲累度將更明顯。

　　流行歌曲的韻字距離通常隨意無定則，但，有時沒有定則下，有的歌曲呈現的效果，會因旋律將過寬或過緊之缺點避開，保有押韻之美，如〈崇拜〉便為一例，留意者會運用轉韻免除單調，無論由何處進行，皆需詞、曲配合才能掩其不和諧之情況。

二、部分不押韻

近年流行樂壇所謂的洗腦歌，其特色皆有上癮節奏、[註58] 歌詞及旋律重複、以及傳媒強力播放，[註59] 其中副歌歌詞旋律的重複性，是造就洗腦歌曲廣為流行的要素，重複的韻腳字大量出現，聽者由反覆片段再現，組成固定印象後，自然容易記住詞曲而跟唱。本文並不探討洗腦歌曲之押韻現象，但，容易成為朗朗上口的歌曲，儘管部分不押韻，副歌絕大多數韻腳相同，目的均在增加記憶點，讓聽者易聽、易學、難忘記，以下茲將部分不押韻之歌曲舉三例說明：

【譜例四-28】〈太委屈〉 [註60]

太委屈

唱 陶晶瑩

詞・曲 鄭華娟
豐華唱片 2000年9月

1=B 4/4

當她 橫刀奪愛的時候， 你
忘了所有 的 誓言， 她 揚起愛情勝利 的旗幟。 你
要我選擇繼續愛你的方 式。 你 曾經說要保護 我， 只
給我溫柔 沒 挫 折。 可 是現在你總是 對我迴 避， 不
再為我有心 事 而著 急。 人說戀愛就像放風 箏，
如果太計較 就有 悔恨。 只是 你們 都忘 了告訴 我，

〔註58〕黃信璁、呂紹齊：〈沒聽就落伍了・洗腦神曲 3 大元素是…〉收錄於《臺北：聯合報 FOCUS，2016 年 10 月 8 日》。（http://a.udn.com/focus/2016/10/08/25006/index.html）2017 年 2 月 1 日檢索。此報導以網路上瘋傳日本搞笑大叔「PICO 太郎」所演唱洗腦神曲 PPAP（Pen Pineapple Apple Pen）解釋該曲洗腦之因為讓人上癮的節奏、無聊可笑的歌詞、滑稽簡單的舞步。

〔註59〕地球圖輯隊：〈聽一遍就忘不掉・洗腦歌的小祕密〉收錄於《臺北：科技新報，2016 年 10 月 1 日》。（http://technews.tw/2016/10/01/how-a-ppap-earworm-took-over-the-internet/）2017 年 2 月 1 日檢索。該文以音樂心理學家拜倫博士（Tim Byron）接受《ABC 新聞網》採訪時，解釋流行歌曲的洗腦現象，是運用重複性的小技巧，讓聽者無意識這首曲子的重複性有多強，讓人不自覺的想要讓這些重複片段再來一次，藉媒體大力放送後成為洗腦歌曲。

〔註60〕陶晶瑩：《愛缺・太委屈》（臺北：豐華唱片，2000 年 9 月）。

表四-28 〈太委屈〉詞曲押韻分析表

樂句數	樂句結束音	歌 詞	韻 部	尾 韻	備 註
1	〔1〕	候	〔ou〕	〔ian〕	不押韻
2	〔3〕	言	〔ian〕	〔an〕	
3	〔1〕	幟	〔tʂ〕	〔tʂ〕	不押韻
4	〔2〕	式	〔ʂ〕	〔ʂ〕	
5	〔1〕	我	〔uo〕	〔o〕	〔o〕〔ɤ〕混押
6	〔3〕	折	〔ɤ〕	〔ɤ〕	
7	〔1〕	避	〔i〕	〔i〕	〔i〕韻
8	〔2〕	急	〔i〕	〔i〕	
9	〔6〕	箏	〔əŋ〕	〔əŋ〕	〔əŋ〕〔ne〕通押
10	〔6〕	恨	〔ən〕	〔ən〕	
11	〔1〕	我	〔uo〕	〔o〕	不押韻
12	〔5〕	痕	〔ən〕	〔ən〕	
11	〔5〕	屈	〔y〕	〔y〕	〔y〕〔i〕混押
12	〔1〕	息	〔i〕	〔i〕	
13	〔6〕	泣	〔i〕	〔i〕	
14	〔2〕	你	〔i〕	〔i〕	
15	〔5〕	屈	〔y〕	〔y〕	〔y〕〔i〕混押
16	〔1〕	裡	〔i〕	〔i〕	

| 17 | 〔6〕 | 雨 | 〔y〕 | 〔y〕 | 〔y〕、〔i〕混押 |
| 18 | 〔1〕 | 己 | 〔i〕 | 〔i〕 | |

＊資料說明：備註欄爲呈現部分不押韻現象之說明。粗黑線下方爲副歌段落。

　　〈太委屈〉第一、二樂句「後」〔ian〕、「言」〔an〕不押韻，第三、四句「幟」〔tʂ〕、「式」〔ʂ〕不押韻；五、六句〔uo〕、〔ɤ〕則爲混押，七、八兩句押〔i〕韻，九、十句〔əŋ〕、〔ən〕通押；十一、十二句不押韻。一至十二句呈現部分不押韻，直到副歌〔y〕、〔i〕混押，重複「太委屈」、「不哭泣」詞情，副歌押韻令詞曲朗朗上口，容易傳唱，成爲該專輯主打歌，詞曲及意境均相合。

　　流行歌壇對於詞曲相合無則可循，直至現今，詞人創作留意押韻已爲普遍，歌曲問世雖不強調歌詞押韻，卻也鮮少強調不刻意押韻，不過，張震嶽《祕密基地》專輯卻被音樂人點名爲不押韻專輯，[註61] 試以當中兩首歌曲說明其押韻現象。

【譜例四-29】〈自由〉[註62]

自由

唱 張震嶽

詞、曲 張震嶽

魔岩唱片 1998年12月

────────

[註61] 同楊偉成：〈文字的勝負──寫出一塊思想形狀　馬世芳 X 馬莎〉，頁40。馬世芳與馬莎於此對話提及張震嶽的不押韻專輯《秘密基地》拋開歌詞押韻的寫法，與羅大佑、李宗盛注重押韻之方式不同。

[註62] 張震嶽：《祕密基地‧自由》（臺北：魔岩唱片，1998年12月）。

```
|0 0 0 0|0 0 0 0|1 - - -|0 0 03 2|
                              愛 我，

|1 - - -|0 0 35 i‖i  3 655|5 - 35 i|
          說愛我  說愛我，   難道 你
                  為什麼，   愛情 讓

|ii 3 655|5 - 3 21|1 - 7 17|765335 6|
 不再愛我？ 我的淚  滴下來， 你從 來
 人變沉重， 沒有人  告訴我， 原來 不

|61 1 3 2|2 - 35 i‖2 - 01 3|3 - 04 3|
 不是真看過像； 為什麼， 不 要    回 來，
 是我想像，

|3 - 03 4|43 21 2|2 - - -|0 0 0114|
    你已 經自由了，          我也已

|43 2 1 1|1 - - -‖
 經 自 由 了。
```

表四-29　〈自由〉詞曲押韻分析表

樂句數	樂句結束音	歌詞	韻部	尾韻	備　註
1	〔2〕	你	〔i〕	〔i〕	不押韻
2	〔2〕	好	〔au〕	〔au〕	
3	〔2〕	定	〔iŋ〕	〔əŋ〕	
4	〔2〕	你	〔i〕	〔i〕	
5	〔1〕	酒	〔iou〕	〔ou〕	⊕
6	〔1〕	去	〔y〕	〔y〕	⊕
7	〔1〕	由	〔iou〕	〔ou〕	⊕
8	〔2〕	係	〔i〕	〔i〕	〔i〕韻
9	〔2〕	裡	〔i〕	〔i〕	
10	〔2〕	靜	〔iŋ〕	〔əŋ〕	⊕
11	〔2〕	抑	〔i〕	〔i〕	
12	〔1〕	見	〔ian〕	〔an〕	⊕
13	〔1〕	泣	〔i〕	〔i〕	
14	〔1〕	我	〔o〕	〔o〕	⊕
15	〔5〕	我	〔uo〕	〔o〕	〔o〕韻
16	〔2〕	過	〔uo〕	〔o〕	

17	〔2〕	重	〔uŋ〕	〔əŋ〕	不押韻
18	〔2〕	像	〔iaŋ〕	〔aŋ〕	
19	〔2〕	了	〔ɤ〕	〔ɤ〕	〔ɤ〕韻
20	〔1〕	了	〔ɤ〕	〔ɤ〕	

【譜例四-30】〈愛我別走〉〔註63〕

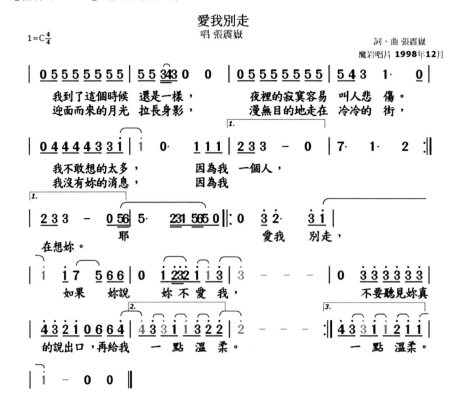

表四-30　〈愛我別走〉詞曲押韻分析表

樂句數	樂句結束音	歌詞	韻　部	韻尾	備　註
1	〔3〕	樣	〔iaŋ〕	〔aŋ〕	〔aŋ〕韻
2	〔1〕	傷	〔aŋ〕	〔aŋ〕	
3	〔i〕	多	〔uo〕	〔o〕	⊕
4	〔3〕	人	〔ən〕	〔ən〕	
5	〔3〕	影	〔iŋ〕	〔əŋ〕	

〔註63〕張震嶽：《祕密基地‧愛我別走》（臺北：魔岩唱片，1998年12月）。

6	〔1〕	街	〔ie〕	〔e〕	
7	〔i〕	息	〔i〕	〔i〕	
8	〔3〕	你	〔i〕	〔i〕	
9	〔5〕	耶	〔ie〕	〔e〕	
10	〔6〕	說	〔uo〕	〔o〕	
11	〔3̇〕	我	〔uo〕	〔o〕	
12	〔i̇〕	口	〔ou〕	〔ou〕	
13	〔2̇〕	柔	〔iou〕	〔ou〕	〔o〕〔ou〕通押
14	〔6〕	說	〔uo〕	〔o〕	
15	〔3̇〕	我	〔uo〕	〔o〕	
16	〔i̇〕	口	〔ou〕	〔ou〕	
17	〔i̇〕	柔	〔iou〕	〔ou〕	

　　〈自由〉第一、二樂段，依旋律一至十四樂句呈現之押韻情形為：應押而未押韻、不押韻、押寬（「靜」〔iŋ〕與「抑」〔i〕；「見」〔ian〕與「泣」〔i〕），第三段副歌部分句子不押韻。從十四句「愛我」〔o〕，之後繼續「愛我」〔o〕，直至副歌之「說愛我」、「為什麼」皆押〔o〕韻，並未刻意不押韻。另，歌詞想表達一瓶紅酒，而〈自由〉在歌曲中為重要字眼，無法替換，便以「酒」〔ou〕、「由」〔ou〕押韻，但中間「去」字呢？作者技巧地與前面的「你」〔i〕混押，即使找不到別的韻腳替代，聽起來仍合韻，可見其欲押韻的考量。

　　再如〈愛我別走〉張震嶽想在歌詞押韻的想法更明顯，「因為我在想你」，想「你」〔i〕與前一句消「息」〔i〕押韻；前一句「街」〔e〕字無法處理，因此用「耶」〔e〕之嘆詞通押。因此，以〈自由〉與〈愛我別走〉兩曲觀之，本文認為，張震嶽在歌詞創作上，仍舊盡可能押韻，之所以無法押韻乃因做不到，並非如馬莎所言，張震嶽此張創作並不在乎押韻，由分析表可看出歌曲押韻之傾向。

　　《祕密基地》專輯期他歌曲如，〈分手吧〉、〈乾妹妹〉的押韻看似不整齊，但部分亦押韻，多半不押韻之曲目雖多，卻沒有任何一首歌完全不押韻。

【譜例四-31】〈橄欖樹〉〔註64〕

橄欖樹（抄自現存最早之手稿）

1＝C $\frac{4}{4}$　　唱 齊豫

詞 三毛 曲 李泰祥
新格唱片 **1979**年**2**月

```
| 0 0 0 66| 3 5 #4 32| 3 - - - | 3 - - 66| 3 5 #4 32| 1 - - - |
   不要 問我從哪裡 來，          我的 故鄉在遠 方，

| 1 - - 6 | 5 6 3 12| 3 - - - | 0 2 2 2 | 1 - - - | 1 - 7 21|
   為 什麼流 浪？      流浪遠 方，      流

| 6 - - - | 6 - - - | 0 0 0 66| 3 5 #4 32| 3 3 - - | 3 - - 66|
   浪。          為了 天空飛翔的 小鳥，    為了

| 3 5 #4 32| 1 1 - - | 1 - - 6 | 5 6 3 12| 3 3 - - | 0 2 2 2 |
   山間輕流的 小溪，    為 了寬闊的 草原，    流浪遠

| 1 - - - | 1 - 7 21| 6 - - - | 6 - - - | 0 7 6 7 | 3 - - - |
   方，    流 浪。      還有 還有

| 0 7 - 6 | 3 554 32| 3 - 2 1 | 2 - - - | 0 3 - 5 | 6 3 #4 32|
   為 了 夢中的橄欖樹 橄欖 樹，    不 要 問我從哪裡

| 3 - - - | 0 1 - 2 | 3 5 - 3 | 7 - - 17| 6 - - - | 6 - - - |
   來，    我 的 故鄉在遠    方，

| 0 5 5 5 | 6 3 3 - | 0 5 5 5 | 3 - 6 - | 7 - - 17| 6 - - - |
   為什麼流 浪，    為什麼流 浪？遠      方。

| 6 - - - | 0 0 5 - | 3 - 6 - | 7 - 6 - | 3 - 2 - | 1 - - - |
       為 了我夢 中 的

| 1 - 7 21| 6 - - - | 6 - - - ‖
   橄 欖 樹，（下略）
```

表四-31　〈橄欖樹〉詞曲押韻分析表

樂句數	樂句結束音	歌 詞	韻 部	尾 韻	備 註
1	〔3〕	來	〔ai〕	〔ai〕	⊕
2	〔1〕	方	〔aŋ〕	〔aŋ〕	
3	〔3〕	浪	〔aŋ〕	〔aŋ〕	
4	〔6〕	浪	〔aŋ〕	〔aŋ〕	

〔註64〕齊豫：《橄欖樹‧橄欖樹》（臺北：新格唱片，1979年2月）。

5	〔3〕	鳥	〔iau〕	〔au〕	⊕
6	〔1〕	溪	〔i〕	〔i〕	⊕
7	〔3〕	原	〔yan〕	〔an〕	⊕
8	〔6〕	浪	〔aŋ〕	〔aŋ〕	
9	〔3〕	有	〔iou〕	〔ou〕	⊕
10	〔2〕	樹	〔u〕	〔u〕	⊕
11	〔3〕	來	〔ai〕	〔ai〕	⊕
12	〔6〕	方	〔aŋ〕	〔aŋ〕	
13	〔3〕	浪	〔aŋ〕	〔aŋ〕	
14	〔6〕	方	〔aŋ〕	〔aŋ〕	
15	〔6〕	樹	〔u〕	〔u〕	⊕

　　〈橄欖樹〉亦爲部分押韻歌曲。以交通大學爲首計劃之臺灣本土音樂家之影音典藏，記錄此首歌曲的創作概況，李泰祥雖爲作曲人，因覺得第二段歌詞不夠工整，在未經三毛同意下，將歌詞修爲如今傳唱的面貌。〔註65〕本曲以「橄欖樹」爲主題，詞人想表達的是「流浪」，這兩個詞幾乎是歌曲的重要意象，因此歌詞無法更動，李泰祥將兩者意象靠攏，顯見其瞭解原詞入歌後與自身創作之旋律不合，因此更動詞句符合詞曲之意境。

　　整首歌曲可視爲，較長段落押〔aŋ〕韻之歌，從遠「方」〔aŋ〕到流「浪」〔aŋ〕（最後一個浪）均同一韻。若以間韻現象探討亦有理由，「來」〔ai〕、「方」〔aŋ〕當成隔句用韻亦可成立，但，「溪」〔i〕、「樹」〔u〕二字則未押韻。就詞、曲而言，應押韻而未押的情況遍及整首歌曲。三毛爲詩人，當初並不是以詞入樂而寫，其爲自由書寫的新詩，並非配合曲調寫的詞，因此詞、曲不相合之情形無可避免。

　　以新詩入樂，達到詞曲和諧，講究押韻的作品並不多見，劉半農留英時期所作之新詩〈教我如何不想他〉，則是相合代表之一。一九三六年，語言學家趙元任打破曲從文，文從律之規則，〔註66〕依詞譜曲，並未更動詞意，且

〔註65〕交通大學：《數位典藏國家型科技計劃‧李泰祥臺灣本土音樂家之影音典藏》《新竹：交通大學浩然圖書館數位典藏辦公室，2009年》。（http://lth.e-lib.nctu.edu.tw/index.htm）2017年2月2日檢索。原本三毛第二段詞爲：「爲了天空的小鳥，爲了小毛驢，爲了西班牙的姑娘，爲了西班牙的大眼睛。」李泰祥讓歌詞有了自由自在之精神。
〔註66〕周佳榮、侯勵英：《中國文明──文化轉型的歷程》，香港，香港教育圖書公

將詞曲關係配合得宜，本文僅附註說明，不另分析。

三、韻腳不在句末

　　古典詩詞在唱的過程多以句末押韻，如此可造成韻尾之聲響效果，竺家寧指出特別是入聲韻尾、陽聲韻尾、陰聲韻尾三種的音響效果最強。[註67]流行歌曲亦強調句末押韻效果，不過，現階段臺灣國語流行歌曲多元性，任何韻寬形式不斷複製，韻腳不在句末之現象也有譜例出現，茲以〈讀你〉及〈不要告別〉兩首歌曲探討。

　　【譜例四-32】〈讀你〉 [註68]

讀你

1=A 4/4

唱 蔡琴

詞、曲 梁弘志
飛碟企業有限公司 1988年6月

（歌詞）
讀你千遍也不厭倦，讀你的感覺像三月，浪漫的季節，醉人的詩篇，唔...，
讀你千遍也不厭倦，讀你的感覺像春天，喜悅的經典，美麗的句點，唔...，
你的眉目之間，鎖著我的愛憐。你的唇齒之間，留著我的誓言，你的一切移動左右我的視線。你是我的詩篇，讀你千遍，也不厭倦。
厭倦 讀你千遍，也不

司，2010 年初版，頁 234。此詩皆以偶數句押〔a〕韻，全詩四節之單數句以〔ən〕、〔aŋ〕、〔ou〕、〔au〕韻自成格律。

〔註67〕同竺家寧：《語言風格與文學韻律》，頁 76。

〔註68〕蔡琴：《火舞‧讀你》（臺北：飛碟企業有限公司，1988 年 6 月）。

```
|3 2 2  -  2 1 2|3  5  -  3 5|3 2 2  -  6 |
  厭   倦。    讀你 千  遍     也不  厭  倦，    讀
|6 5 5    2  -  |1  -  -  - ‖
  你，
```

表四-32　〈讀你〉詞曲押韻分析表

樂句數	樂句結束音	歌詞	韻部	尾韻	備　註
1	〔2〕	倦	〔yan〕	〔an〕	⊙
2	〔6〕	月	〔ye〕	〔ye〕	⊙
3	〔7〕	節	〔ie〕	〔ie〕	⊙
4	〔6〕	篇	〔ian〕	〔an〕	
5	〔2〕	倦	〔yan〕	〔an〕	
6	〔6〕	天	〔ian〕	〔an〕	
7	〔7〕	典	〔ian〕	〔an〕	
8	〔6〕	點	〔ian〕	〔an〕	
9	〔3〕	憐	〔ian〕	〔an〕	
10	〔2〕	言	〔ian〕	〔an〕	
11	〔3〕	線	〔ian〕	〔an〕	
12	〔2〕	倦	〔yan〕	〔an〕	
13	〔2〕	倦	〔yan〕	〔an〕	
14	〔2〕	倦	〔yan〕	〔an〕	
15	〔5〕	你	〔i〕	〔i〕	⊕

　　第一樂段「月」、「節」可以不押韻，與第二樂段同押〔an〕韻，「唔」為尾音可不押韻，因為它本不在歌詞中，是創作時的音樂習慣。〈讀你〉可視為〔an〕韻到底之歌曲，然，末句之「你」〔i〕韻字卻不押韻。這種韻腳不在句末的原因大致是為了遷就曲調，因為〔6 6 5〕「讀你」聽來結束不了，為了遷就曲調，因此必須以〔6 6 5 5 2-1〕「讀～你」做結束，否則亦也可將（讀～你）唱成「厭～倦」，但唱「厭倦」便不合主題，故唱「讀你」。

　　這是一種歌詞及演唱技巧，末句拖著「厭倦」兩字亦無妨且押韻，通常這類情況會以最後兩字重覆做結束，或以「啊～啊」嘆詞將曲子唱完，詞曲創作人梁弘志與演唱者蔡琴兩人在曲調尚未結束，歌詞卻結束，在詞曲配合

時，以「讀你」完成結尾，韻腳雖不在句末，但可看出遷就曲調的進行方式。
〈不要告別〉則是另一首韻腳不在句末的歌曲：

【譜例四-33】〈不要告別〉〔註69〕

不要告別
唱 江玲
詞 Echo 曲 奕青
歌林唱片1983年2月
（僅摘第一段歌詞）

表四-33　〈不要告別〉詞曲押韻分析表

樂句數	樂句結束音	歌　詞	韻　部	尾　韻
1	〔1〕	你	〔i〕	〔i〕
2	〔5〕	你	〔i〕	〔i〕
3	〔5〕	裡	〔i〕	〔i〕
4	〔1〕	流	〔iou〕	〔ou〕

　　〈不要告別〉是一首翻唱次數相當多的歌曲，據考證最早演唱此歌的是，李金鈴於歌林唱片一九七三年八月灌製的正式版，李泰祥將歌曲賣給歌林唱片後，旗下歌手幾乎唱過，〔註70〕如黃鶯鶯、鳳飛飛、劉文正、蕭孋珠等，

〔註69〕江玲：《不要告別‧不要告別》（臺北：歌林唱片，1983 年 2 月）。

〔註70〕馬世芳：〈告別，不要告別——兩首歌的曲折故事〉收錄於《臺北：地下鄉愁藍調》，2010 年 8 月 5 日，（http://blog.roodo.com/honeypie），2017 年 2 月 20

廣爲流傳的是一九八三年江玲版本，往後翻唱不斷，葉璦菱、巫啓賢、張惠妹、齊秦、趙薇，可見其歡迎程度。歌曲只有〔i〕韻，但末句「沒有人會流淚，淚流」爲〔ou〕韻，茲將李泰祥手稿原版〔註71〕，與江玲演唱版之末句譜例作分析：

```
| 5·    1 2 | 3·   3  2 | 1·  1  22 2  -  -  ‖
  沒   有 人   會   流     淚...(李泰祥手稿)

| 3 5 5  -  1 2 | 3  -  2· 1 | 232  -  2121 | 1  -  -  -  ‖
  夜裡，  沒 有 人   會    流淚，   淚      流(江玲演唱版)
```

江玲版末句多了「流」，「流」押〔ou〕韻，爲應押而未押之字；李泰祥手稿版僅以「淚」字結束，而「淚」〔ei〕非韻腳字，亦爲該押而未押之韻腳，但「淚」拉長尾音有〔i〕韻之感，歌林歌手黃鶯鶯、劉文正、蕭孋珠、黃曉君等人只唱至「淚」，並將〔i〕韻尾唱出來，沾到韻邊。同爲歌林之星的江玲則唱「淚流」成爲不押韻，此種唱法乃多此一舉，若重複兩次「流淚」並拉長尾韻成〔i〕亦能成韻，劉文正等人的便將淚字拖長音，此種以演唱技巧運用的押韻方式，救變了韻腳不在句末的情況。

　　上述其他類別之討論，可歸納幾個觀點說明當代押韻的共同現象：

一、押韻求近似，寬韻已爲常態。相近韻字不全爲通押或不含介音，有可能爲腹韻或腰韻之相近，如〈自由〉，或混押，如〈太委屈〉，因此用韻便寬鬆。

二、即使歌曲部分不押韻，副歌處一定押韻，如，〈太委屈〉（〔i〕、〔y〕通押）、〈自由〉、〈愛我別走〉（〔o〕、〔ou〕通押）、〈讀你〉（〔an〕韻），副歌運用押韻成爲重複記憶之方式，已是流行歌曲之創作規則。

三、押韻距離緊密之歌曲，較距離寬長之歌曲爲多。押韻距離過寬的歌曲往往韻感不高，容易形成不押韻或失去押韻效果，此類歌曲較難學唱，在市場取決下，難學難唱之歌，莫若韻感密集之歌曲傳唱度高，作品量相對少，而如〈崇拜〉、〈愛愛愛〉高密度押韻歌曲，皆爲當時之熱唱曲。其他押韻密度高且暢銷曲有〈牛仔很忙〉（黃俊郎／周杰

日檢索。

〔註71〕同《臺北：地下鄉愁藍調》。關於〈不要告別〉與〈告別〉兩曲之原譜參閱李泰祥數位音樂博物館，（http://lth.e-lib.nctu.edu.tw/index.htm），2017 年 2 月 20日檢索。

倫／周杰倫／新力唱片／二〇〇七）、〈小蘋果〉（王太利／王太利／
筷子兄弟／滾石移動／二〇一四）。〔註72〕

　　由此看來，國語流行歌曲乃以一種新的詩韻方式進行創作，以王力的說
法，新的詩韻指的是以北平實際語音為標準，〔註73〕這種擺脫古代韻書拘束
的新韻，用韻標準亦口語化，通押、混押、相近、相似之方式比例漸增，日
後歌曲押韻朝更多變格趨向（如，韻腳不在句末），樣貌勢必更加多元。

〔註72〕〈牛仔很忙〉一節一韻，密度相當高。〈小蘋果〉副歌處節奏快速，副歌一句
　　　　一韻，聽者容易朗朗上口，被封為洗腦歌曲。
〔註73〕同王力：《漢語詩律學》註，頁5。

第五章　流行歌曲之聲情意境

錢鍾書《談藝錄》言：

> 詩、詞、曲三者，始皆與樂一體。而由渾之劃，初合終離，凡事率然，安容獨外。文字；弦歌，各擅其絕。藝之材職，既有偏至；心之思力，亦難廣施。強欲併合，未能兼美，或且兩傷，不克各盡其性，每致互掩所長。即使折衷共濟，乃是別具新格，並非包綜前美。〔註1〕

此處談及詩樂本相合，詩之發爲詠歌出於自然，而詩樂分離乃才能之故。李時銘先生認爲問題並非個人之才，而在於環境、教育及接觸機會，〔註2〕否則詩、詞、曲與音樂結合既自然且易學，應廣爲普及，不該初合終離。本文論述內容皆以詞曲關係爲核心，無論就倒字、押韻總能觀察詞曲相不相合之現象，詞曲相合看似不易，如本文提出之押韻理論，以旋律與韻腳兩者關係，於樂句結束音相合即算押韻之假設，詞曲作者若搭配得宜，致使歌曲藝術之感彰顯，作法上並不困難，偶有例子強欲併合確實未能兼美。如李時銘先生所言，音樂教育倘若遍及大眾，接觸密度提高，優良之音樂環境形成，詞曲應該相合之觀念便不難習得。本章將繼續討論詞曲關係，分析流行歌曲之聲情意境，由意境契合與否與詮釋兩大面向觀察兩者間之相合情況。

〔註1〕 錢鍾書：《談藝錄》（北京：三聯書店，2007 年），頁 79。

〔註2〕 同李時銘：〈論詩歌與音樂之共性——從遺言音節出發的考察〉註，頁 2。作者認爲古代音樂教育大半於貴族間施行，古人又將樂理神秘化，少數人掌握的作曲技能無法讓眾人習得，最後難以廣施。

第一節　詞曲聲情意境概說

　　朱光潛《文藝心理學》言音樂之美完全是一種形式之美，〔註3〕這話揭示的是音樂不在能引起情感，它就只是形式。無獨有偶，如此論點於 Eduard Hanslick《論音樂美——音樂美學的修改芻議》亦論及：

> 音樂是由樂音的排列和形式所組成的，除此之外別無其他內容……不論一首音樂是如何帶給人們不同的影響，不論人們如何依其感受來評估音樂，除了我們所聽到的樂音形式之外，音樂再沒有其他內容，因爲音樂不僅藉樂音來發言，它説的也僅是樂音而已。
>
> 〔註4〕

這是音樂界關於內容論之爭論，本文並不涉及此辯證。以此議題爲開端乃欲強調論及歌曲意境時，如同論藝術品，內容與形式必須共同討論，因這兩個概念相輔相成，很難獨立存在，即使李煜之詞配上現代音樂形式，所能呈現的也還是語言的意義，讀其詞，皆因瞭解詞意而有所感發，故文字在此就有意義。音樂只要音調和諧就能動聽，而動聽的是音樂並非語言，只是音樂之和諧帶出詞意的情感連結，因此，詞與旋律皆爲融合的有機體，不可切割。

一、意境理論

　　近代流行歌曲的創作模式，多數爲譜寫旋律再進行填詞，歌詞能否切合樂曲達到歌曲之意境，則爲詞曲是否相合之問題。關於意境之說，王國維《人間詞話》說：

> 嚴滄浪《詩話》謂：「盛唐諸人，唯在興趣。羚羊挂角，無跡可求。故其妙處，透徹玲瓏，不可湊泊。如空中之音、相中之色、水中之月、鏡中之象，言有盡而意無窮。」余謂：北宋以前之詞，亦復如是。然滄浪所謂興趣，阮亭所謂神韻，猶不過道其面目，不若鄙人拈出「境界」二字，爲探其本也。〔註5〕

〔註3〕　朱光潛：《文藝心理學》（台北：台灣開明書店，1994 年 2 月三版），頁 335～336。作者舉出德國形式派首領 Hanslick 提出《音樂的美》一書，強調聽音樂的人必須能將全曲樂調懸在心眼面前，仔細玩味它各部分抑揚、開合的關係，纔能見到音樂的美。認爲音樂能引起情感，固然是事實，但是音樂的美卻不在它能引起情感。

〔註4〕　〔布拉格〕Eduard Hanslick 著、陳慧珊譯：《論音樂美——音樂美學的修改芻議》（臺北：世界文物，1997 年 11 月），頁 133。

〔註5〕　〔清〕王國維：《人間詞話》（臺南：大夏出版社，1988 年 12 月），頁 5。

王國維此話批評過去評詩的表面現象，認爲境界才是探求詩詞藝術的最高方式，〔註6〕他認爲詞以境界爲最上的態度。詞、曲境界乃王國維提出，這個論點是抽象的，歌曲的意境即使喜、悲仍有程度不一的展現，因此本章將藉不同風格的歌曲，由詞曲關係引致不同的情緒，分析歌曲的基本情緒（喜、怒、哀、樂），再將基本情緒中之濃淡程度論述其相合現象，就此說明意境之表現；末以演唱者不同詮釋，形成情感的寬廣變化，如何讓意境有所不同的呈現作論述。

　　一首曲子的演奏究竟令聽者領受到何種意境無法判斷，因爲演奏是一種再創作，其變化因素大，速度快慢、節奏重輕，造就的情緒也不相同。曲是經過演、唱、奏而表現，彈性空間大，具有再詮釋之功能，但歌詞填上後，規範了意境的方向，旋律須在範圍中詮釋歌詞內容，因此再詮釋之空間變小，詞曲便會自然在限制之中，將情緒及意境趨於協調面開展。

　　流行歌曲的意境探討無法藉由一首音樂判斷它好不好聽，或給人何種確切情緒，尤其僅就讀譜而言，若藉由「聽」的角度，演唱、奏者爲聆聽音樂的媒介，它們影響聽者的理解與認知，雖說我們無法就旋律說明其表達含意爲何，但也不難體會由演唱、奏者表達出的情感基調是歡快或哀傷的層次，細緻的體會也許不易，粗淺領略依舊能分辨程度不同。

　　至於具體感受旋律的內容並非易事，歡樂、悲傷的情緒一般可以感受，僅從旋律聽不出其歡樂什麼，悲哀什麼，如同上述朱光潛與 Eduard Hanslick 所言，從音樂是聽不出意義或內容。但，文字卻可以幫助引介這些內容，比如，它能讓人感受幽暗情緒或莫名傷感。

　　音樂本身的歡快、憂傷若僅看樂譜，其詮釋空間大，無法準確說明真正的意義及意境，所以就詞曲功能而言，曲有幫助詞的作用，或說曲調是表現詞意的載體，《毛詩序》說：「詩者，志之所之也，在心爲志，發言爲詩。情動於中而形於言，言之不足故嗟歎之，嗟歎之不足故詠歌之，詠歌之不足，不知手之舞之，足之蹈之也。」〔註7〕《尚書・堯典》亦說：「詩言志，歌永言，聲衣永，律和聲。」〔註8〕由「嗟嘆不足」回到「詠」，說的正是樂音與

〔註6〕蘇珊玉：〈《人間詞話》詩詞審美平議—「詩之境闊，詞之言長」〉，《高雄師大學報》第十六期，2004 年 6 月，頁 247。

〔註7〕〔唐〕孔穎達疏：《毛詩注疏》（阮元刻《十三經注疏》本（臺北：藝文印書館，1997 年），卷一，頁 13。

〔註8〕〔唐〕孔穎達疏：《尚書》（阮元刻《十三經注疏》本（臺北：藝文印書館，

詞的關係。

　　詞之意境及旋律對詞意表達所扮演的角色，爲本章探討軸心，若以歌詞爲先的立場，先有詞再譜曲，這是站在旋律爲詞附庸的角度，以曲幫襯詞意，因爲旋律畢竟是抽象的，既是抽象的，如何讓人們去瞭解一首樂曲，多半得靠歌詞，流行歌曲無論旋律寫得如何，仍舊需由歌詞理解與認識，此爲詞曲意境研究方向之概述。

二、意境探討方式

　　本文由歌曲風格探討情境的寫作策略大致分爲幾個方向：

　　1、節奏型態：如鬆、緊。

　　2、音型：如級進、跳進。

　　3、旋律：如和緩、綿長、緊湊。

　　4、情感（緒）表達：如，兩種情境，一爲正面，屬於陽性的光明面；一爲負面，屬於陰性傷感面，這兩種情境皆有層次分別，如正面情緒，可能爲溫馨的、喜悅的、歡喜的、快樂的、興奮的、激情的；負面的情緒，如傷感的、傷情的、輕愁、輕怨的、哀愁、哀怨、傷痛、悲痛，大致由這兩方面區分。

　　情緒具有兩方面的可能性，諸如寫景時有淡、濃區別，淡的或許輕描淡寫，詞與曲均清淡；濃則寫得十分壯麗，曲亦譜得熾烈。一般而言，我們較難以言語形容音樂表達什麼，不過上述的情緒，聽者大半仍能感受，如，節奏輕快與急躁，音樂顯現出的情緒便不同。以下兩節將進行詞曲結合時，於意境上之探討。

第二節　歌曲聲情意境相契合

　　流行歌曲是與古代詩樂相合現象最爲接近之藝術表現，也是由曲調與歌詞結合之韻文形式，發展至今，以創作量可知，已有相當人力投入，作品無論就押韻或風格而言，詞曲多半符合意境，即使音樂教育在臺灣相較於其他科目較不受重視，但是一般大眾對流行歌曲的接受與喜好，已成爲日常生活的一部分，它經常能引起情感共鳴或情緒抒發。

　　1997 年），卷三，頁 46。

　　認知心理學說甚至認為這些情緒會進一步影響人們對音樂形式的認知，在被影響的情緒中，能塑造審美經驗。〔註9〕這些能產生共鳴的歌曲，旋律與歌詞多半和諧，經過各種載體傳播下流行於民間，成為一種俗文學。鄭振鐸《中國俗文學》將俗文學的特質說得很清楚，其中第一種特質：

> 俗文學的第一個特質是大眾的。她是出生於民間，為民眾所寫作，且為民眾而生存的。她是民眾所嗜好，所喜悅的；她是投合了最大多數的民眾之口味的，故亦謂之平民文學。〔註10〕

流行歌曲是通俗文學，是為民眾所寫、所生存，一首受歡迎的歌曲一定符合大眾口味，有些歌曲的旋律、歌詞能隨時讓人記起並哼上一小段，此為大眾化特質，每個時期流傳的曲風或詞意均可能因社會氛圍而流行不同風格的歌曲。

　　國民政府來臺後，國語開始盛行，流行歌曲以閩南語為社會語境的環境下，許多特殊風格的發展背景，如三、四〇年代的上海餘韻、日本風格的東洋味，濃情蜜意的瓊瑤式情愛戀曲，唱自己歌校園歌曲、批判社會現象的吶喊搖滾、原住民高亢的腔情，直至近年多元西洋曲風之引入，歌曲風格形成之詞曲意境由婉約成直白，白描不足以獨特，進而裸裎無忌，歌曲之情緒強、濃、暴，詞意滿眼繽紛，旋律眾聲喧譁，各有情境。以下就歌曲風格分析詞曲情境：

一、民歌（謠）風格──以〈茉莉花〉一曲觀情境流轉

　　中國民歌代表的流行歌曲中，〈茉莉花〉是大多數人能哼上的歌曲，〔註11〕它不斷於華人區域傳唱，也流傳中國以外的國家，臺灣甚至有藉西洋歌劇探討國小生對〈茉莉花〉的接受度研究論文，〔註12〕可見其為人歌詠之程度。

〔註9〕蔡振家：《音樂認知心理學》（臺北：臺大出版中心，2015年5月初版三刷），頁188。

〔註10〕鄭振鐸：《中國俗文學史》（臺北：臺灣商務印書館，1986年），頁4。另四種特質為：無名的集體創作、口傳、新鮮但粗鄙、想像力奔放，勇於引進新的東西。

〔註11〕黃一農：〈中國民歌〈茉莉花〉的西傳與東歸〉，《文與哲》第九期，2006年12月，頁2。作者指出在港澳回歸以及奧運會徽揭曉等重要場合，它都被拿來當作具有重要象徵意義的背景音樂。

〔註12〕張明玉：〈普契尼《杜蘭朵》歌劇欣賞之教學探討──以國小四年級學生對〈茉莉花〉的接受度〉，臺北：東吳大學音樂系碩士在職專班音樂教育組碩士論文，2012年12月14日，頁167。這分研究在經過教師的主導動機教學後，小學

《錢仁康音樂文選》如此描述〈茉莉花〉廣泛傳唱之因：

> 〈茉莉花〉之所以能廣泛的流傳，並得到西方人的喜愛，是因
> 為〈茉莉花〉具有能被世界人民認可的「國際語彙」。首先，五聲調
> 式具有濃厚的「東方風情」，具有鮮明的中國特徵；其次，他的曲式
> 結構符合西方審美的勻稱、有規則的周期性反覆；最後，他的旋律
> 優美、流暢，中國音樂中線性思維包含著同時能被東方人和西方人
> 接受的優越性。正是這些因素，使《茉莉花》能夠邁出國門，走向
> 世界。〔註13〕

〈茉莉花〉為流傳許久之民謠，當然也是流行歌曲，雖然跨越本文選取時代
範圍，但就臺灣流行的情況既長且廣而言，足以為之一論。不少研究中國俗
曲〈茉莉花〉之論文皆認為它就是承襲自〈鮮花調〉而來的民歌，〔註14〕
並由清初開始流傳，〔註15〕另有認為，明初自南京流傳之〈聞鮮花〉即為
前身。〔註16〕本章不探索俗曲來歷，僅藉此提出一個觀察，相同歌曲，經
過不同時空輾轉，與不同環境產生碰撞的結合，其意境亦隨之改變，無論更
動幾句歌詞，或增加幾節旋律，聽眾感受亦產生相應變化。

　　各地流行的〈茉莉花〉詞曲版本並不相同，茲就山西及江蘇地區流傳版
本說明：

生對民歌的欣賞有提升趨勢。

〔註13〕錢仁康：《錢仁康音樂文選・流傳到海外的第一首中國民歌〈茉莉花〉》上冊
（上海：上海音樂出版社），頁 181

〔註14〕資料來源參閱許士坤：〈茉莉紮根中華香飄四海五洲：記〈茉莉花〉的搜集加
工整理者何仿及其文藝生涯〉，《新文化史料》第二期，1988 年，頁 71。〈鮮
花調〉之詞內容：「好一朵茉莉花，好一朵茉莉花，滿園花草香也香不過它，
奴有心採一朵戴，又怕來年不發芽；好一朵金銀花，好一朵金銀花，金銀花
開好比勻兒牙，奴有心采一朵戴，看花的人兒要將奴罵；好一朵玫瑰花，好
一朵玫瑰花，玫瑰花開碗呀碗口大，奴有心採一朵戴，又怕刺兒把手扎。」
列出該詞與其他流傳版本相對照。

〔註15〕白潔：〈明清俗曲《茉莉花》曲牌的流變〉，《魯東大學學報哲學社會科學版》
第二十五卷第五期，2008 年，頁 74。

〔註16〕劉曉靜：〈明清時期中國俗曲的發展與傳播〉，《山東社會科學》第四期，2013
年，頁 123～124。該文說明代嘉隆間的〈雙疊翠〉其詞格就和〈鮮花調〉一
致，而目前所見最早的〈鮮花調〉曲譜，則是貯香主人輯的《小慧集》且詞、
曲已定型，流傳至今。

【譜例五-1】〈茉莉花〉（山西民謠版）〔註17〕

江蘇地區傳唱的版本如：

【譜例五-2】〈茉莉花〉（江蘇民歌版）〔註18〕

茉莉花 (江蘇民歌版)

1＝Bb 2/4　　　　　何仿編之版本

| 3 2 3 5 6 5 1 6 | 5 3 5　　6 | i　2 3 2 1 6 1 | 5 3 5. |

好 一朵 茉 莉 花，　　好 一朵 茉 莉 花。
好 一朵 茉 莉 花，　　好 一朵 茉 莉 花。
好 一朵 茉 莉 花，　　好 一朵 茉 莉 花。

〔註17〕此為謝琳演唱版本譜例，音樂演唱參閱：youtube（https://www.youtube.com/
watch?v=R09zrrcpwEs）2016 年 2 月 2 日檢索。

〔註18〕譜例及來歷說明參閱黃一農：〈中國民歌〈茉莉花〉的西傳與東歸〉，《文與哲》
第九期，2006 年 12 月，頁 2。黃一農指出此首大陸地區所熟悉版本，於自何
仿修定，他於一九四二年追隨中共新四軍劇團，於江蘇鄰近六合、儀徵山區
進行宣傳及采風，於十四歲那年，從一位民間藝人採集這首在當地傳唱已久
之民歌。

5 3 5 6	1 2 3 1 6 5	5 2 3 5 3 2	1 6 1·
滿 圍　　花 草　香 也 香 不 過 它，			
朵 朵 滿 圍 花 花 草 開　雪 也 白 不 過 它，			
滿 圍　　花 開　比 也 比 不 過 它，			

3 2 1 2· 3	5 6 1 6 5	5 2 3 5 3 2	1 2 6· 6 6 1
我 有 心　採 採 一 朵 戴，又 怕 那 看 花 人			
我 有 心　採 採 一 朵 戴，又 怕 那 旁 人			
我 有 心　採 採 一 朵 戴，又 怕 來 年			

2· 3 1 2 1 6	1 6 5·	5	0	0 0
將 我 罵。				
笑 話。				
不 發				

1 6 5· ‖ 3 2 1 2· 3	5 6 1 6 5	5 2 3 5 3 2	1 2 6·	2· 3 1 2 1 6
採 一 朵 戴，又 怕 來 年　　不 發				

芽。

5· 6 1 3 2 1 6 1	5 —	5 —	5	0 ‖

芽。

　　第一首譜例五-1 山西臨汾縣的〈茉莉花〉與〈鮮花調〉的歌詞樣貌頗似，譜例共有十四小節，與譜例五-2 江蘇版之第一、二句「好一朵茉莉花」基本相同，第三句之後開始變化。江蘇版是五聲音階降 B 徵調式，節奏進行樣式變化稍大，但曲調飄盪婉轉；山西版〈茉莉花〉工整的旋律就顯得質樸些，山西版詞意說著長成了花的「我」，盼伊人插在身上，婉轉譬喻自己是花，郎是小蜜蜂，情郎來採花兒吧！既輕柔且婉約地聲聲唱著；江蘇版詞意以「草香」、「雪白」、「花開」自信直接地說著我的美，兩首情境於流轉中，有些許差異。

　　中國地區各民族民歌豐富如同星辰，流傳區域因風俗、方言等習慣，產生音域、節奏、音階、結構的雜揉變化也有所不同，〔註19〕〈茉莉花〉由原本〈鮮花調〉的曲牌，經傳唱後，曲子原本的基調被保留，散布各地後，有些增添節數，有的結尾變化腔調，但都有愉快、清朗調性。臺灣流行的〈茉莉花〉樣貌和中國地區亦是如此，目前傳唱的〈茉莉花〉曲調與《中國旅行記》版本相似，〔註20〕譜例如下：

〔註19〕洪芳儀：《天涯歌女——周璇與她的歌》（臺北：秀威資訊科技股份有限公司，2008 年 1 月 BOD 版），頁 169。

〔註20〕張明玉：〈普契尼《杜蘭朵》歌劇欣賞之教學探討——以國小四年級學生對【茉

【譜例五-3】〈茉莉花〉〔註21〕（臺灣流傳最廣版本，黃鶯鶯版）

〔註22〕

茉莉花(流傳最廣版本)

中國民歌

此爲國小音樂課本譜例，臺灣傳唱最多之版本，之後來不少流行歌手重新詮釋過，如，梁靜茹引用其中旋律，並非以〈茉莉花〉爲基調，重新填詞譜曲爲新曲，〔註23〕本文亦從黃鶯鶯版發現其演唱方式，將大眾熟知的旋律做微小更動，情境感受也有些許不同：

【譜例五-4】〈茉莉花〉（黃鶯鶯版）〔註24〕

黃鶯鶯版的〈茉莉花〉與臺灣流傳的版本差異在於末兩句做了改變：

莉花】的接受度〉，臺北：東吳大學音樂系碩士在職專班音樂教育組碩士論文，2012 年 12 月 14 日，頁 116。

〔註21〕黃鶯鶯：《搖籃曲‧茉莉花》，臺北：華納唱片，2012 年 6 月。

〔註22〕譜例及來歷說明參閱黃一農：〈中國民歌〈茉莉花〉的西傳與東歸〉，《文與哲》第九期，2006 年 12 月，頁 2。

〔註23〕該歌曲梁靜茹 2004 年《燕尾蝶》專輯之歌曲，詞由姚若龍擷自中國民謠〈茉莉花〉後的創作，曲則由李正帆新譜。本文認爲此僅可爲引用或犯調，形式與基調皆不同原歌曲。

〔註24〕同黃鶯鶯：《搖籃曲‧茉莉花》註。

（一）2 3 5 2 3 1 6̣ ｜ 5 - - - ＼更動爲 2 3 5 2 3 1 6̣ ｜ 2 - - - ｜

（二）5̣ - 6̣ 1 ｜ 2·3 1 2 1 6̣ ｜ 5̣ - - 0 ＼更動爲 2 3 5 2 3 1 6̣ ｜ 1 -

黃版最後兩句曲調反覆「送給別人家」，第一句「送給別人家」的「家」屬於低音調，唱時聲音低微而綿延拉長，末句尾音的「家」由廣傳版的〔Sol〕更動爲〔Do〕，唱時歌曲有穩定結束感，如此感受僅是一節樂句，或是歌詞反覆，卻造就意境上的變化，關鍵仍在於詞曲搭配得宜。

　　民歌發展如〈茉莉花〉這般以民間音調爲底的創作其實不少，如周璇〈月圓花好〉採用浙江地區的民歌音調，〔註25〕

【譜例五-5】〈月圓花好〉〔註26〕

｜ 1̇·2 3 5 2 1̇ 1̇ ｜ 1̇ 2 6 5 - ｜ 1̇ 6 5 3 6 5 3 2 ｜ 3 - - - ｜
　　浮　　雲　散，　　　明 月 照 人 来，

｜ 1̇ 6 5 5 6 1̇ ｜ 2· 3 5 - ｜ 1̇ 6 5 5·6 3 2 ｜ 3 5 1̇ - - ‖
　　團　　圓　美　　滿，　　今　朝　　最。

其爲五聲音階宮調式，節奏多處搖擺，由譜例觀，兩樂句音階高低與歌詞的配合十分有趣，「浮雲」位於音高處，「散」之後爲明月「照人來」便往音低處下滑，浮雲在天爲高，人於地爲低，端看旋律並不能感受它的意思，詞意配上便有相合的趣味情境。另一首流行民歌〈甜蜜蜜〉則是東北〈月牙五更〉曲調發展的歌曲，〔註27〕參見王冠群《通俗歌曲創作十講》，不另贅述。

　　〈茉莉花〉自明清流傳以來，因地不同，產生不同變格，乃至改變曲調，以當地方言發音，有時改變它的內容，可是基本曲意相同。至於爲何因地改詞，主要是音樂曲調的改變，之所以改曲調，則是因地方音樂風格的關係，許多民間曲調流傳過程，皆有因曲調而改變歌詞的現象。如此分析可看出同一個曲調在流傳過程的分化現象，這種現象是形式改變大過內容改變，不同版本的〈茉莉花〉因形式分化變格，歌曲的聲情意境也因此不同，而形式先

〔註25〕王冠群：《通俗歌曲創作十講》（長春：長春出版社，1993 年 2 月第 1 次印刷），頁 15。

〔註26〕周璇：《周璇之歌第一集‧月圓花好》（香港：香港電氣實業有限公司，1937年）。

〔註27〕同王冠群：《通俗歌曲創作十講》，頁 16。

於內容爲本章探討的主題概念。

探討詞曲情境時，歌曲風格是極具情境的形式表徵，民歌、校園歌曲、抒情歌曲、搖滾曲風皆可意會所言，臺灣流行音樂受西方影響，依香港歌手黃耀明的說法，西方流行音樂史的發展「流行歌曲是一次又一次青春騷動的出走，每一次出走，都是一次跨越。」〔註28〕臺灣青春騷動中的校園歌曲就是一次出走，一個寫自己歌曲的年代。〔註29〕

二、校園歌曲的清朗情境

六、七〇年代，是臺灣西洋流行音樂發展時期，張釗維《誰在那邊唱自己的歌——臺灣現代民歌運動史》一書指出，它是知識分子的音樂，儘管國語當時在政權意識形態下，成爲強勢語言，國語流行歌曲在當時知識分子中，爲不入流之通俗音樂。〔註30〕七〇年代，爲民歌開啓最初知名度的洪小喬，於電視主持《金曲獎》節目，除了介紹西洋歌曲，亦創作國語歌曲，楊弦、胡德夫也曾受邀，〔註31〕之後臺灣校園歌曲在唱自己歌的意識下，開展成新的歌曲風格。

校園歌曲的盛行期爲一九七〇至一九七九年間，歌曲走向清純自然，對當時聽流行歌曲者而言，是屬於年輕人的音樂，〔註32〕茲以〈一條日光大道〉、〈如果〉、〈讓我們看雲去〉三首校園歌曲，探討其聲情意境。

〔註28〕 張鐵志、柴子文編註：《愛上噪音》（臺北：八旗文化，2012 年 7 月），頁 11。摘自柴子文：〈如果時代是場電影，噪音就是它最好的配樂〉，此爲作者引述黃耀明的説法。該篇爲《愛上噪音》之序文。

〔註29〕 同馬世芳：《地下藍色鄉愁》，頁 121。作者爲臺灣民歌之母陶曉清之子，作者將民歌運動的原創精神「唱自己的歌」開端最重要的三場演唱會描述得很詳盡，這三場分別爲：一九七四年胡德夫在國際學舍舉辦第一場創作發表會、一九七五年楊弦於中山堂的「中國現代民歌」演唱會、一九七六年菲律賓僑生李雙澤在淡江大學西洋民歌演唱會問：「我們自己的歌在哪裡？」三者成爲民歌運動最重要的思想基礎。

〔註30〕 張釗維：《誰在那邊唱自己的歌——臺灣現代民歌運動史》（臺北：滾石文化，2003 年），頁 58。

〔註31〕 同張釗維《誰在那邊唱自己的歌——臺灣現代民歌運動史》註，頁 58。

〔註32〕 同張釗維《誰在那邊唱自己的歌——臺灣現代民歌運動史》註，頁 225。張釗維對臺灣現代民歌之發展，以三條路徑區別臺灣現代民歌：一爲中國現代民歌、淡江《夏潮》路線、校園歌曲，本文則以清純自然風格之校園歌曲作討論。

【譜例五-6】〈一條日光大道〉〔註33〕

一條日光大道

唱 齊豫、李泰祥

1=D 4/4

詞 三毛 曲 李泰祥
拍譜唱片 **1982**年

　　〈一條日光大道〉為先譜曲，交由作家三毛填詞之作，〔註34〕根據《臺
灣本土音樂家之影音典藏》記載，歌詞為李泰祥與三毛一句一句將歌詞對上

〔註33〕齊豫：《祝福‧一條日光大道》，臺北：拍譜唱片，1982 年 1 月。

〔註34〕楊嘉主編：《民歌 40——再唱一段思想起》（臺北：大塊文化出版股份有限公
　　　司，2015 年 5 月初版），頁 64。

旋律而產生。〔註35〕歌曲節奏輕快，爲 ABC 三段曲式，AC 段由中國式五
聲音階構成，樂曲爲快板速度，旋律上運用許多切分音，切分音通常會帶來
一些動力，而拖長音與附點置於重拍上，如前兩句，參考下譜：

| 05 55 55 | 6· 55 0 | 3 21 11 | 2 — — — |
一　條　日　光　的　大　道，　　　我　奔　走　大　道　上。

| 03 55 55 | 61 11 56 5· | 33 2 | 11 12 13 |
一　條　日　光　的　大　道　上，　我　奔　走　在　日光　的　大道　上。

兩樂句有大調的亮度感，又配合「日光」歌詞，明亮感倍增；兩句「大道」
均於重拍上，節奏不只輕快，更有強調大道上的奔放情緒，詞曲結合貼切。
B 段共三句：

| 5 24 321 | 2 — — — | 5 24 321 | 2 — — — | 6· 66 i |
抛下未乾的被褥，　　　睡芳香的稻草床，　　　陽　光　爲

| 7· 55 3 | 6· 66 i | 7 — — — | 7̇ — — — | |
我　們　烤　　金　色　的　　　　餅(後譜略)

前兩句皆一字一音，樂句與詞句之結構工整，詞曲皆整齊清爽，B 段中之最高
音位於最後兩個音〔i 7̇〕，此句之最低音爲〔1〕，曲調由四個小節高低變
化之音符，將「陽光」、「烤」、「金色」、「餅」等關鍵字詞配上去，配合歌詞
不同濃淡的金黃色彩。C 段句尾放置長音的句法如下：

| 6 — — — | 61 i 06 5 | 5 — — — | 3 5 6 65 | 5 — — — |
啊，　　Kapoa，上路　吧，　　雨季過去了，

| 0 6 — — | 6 56 56 | i — — — | i — — — | i — — — |
啊，　　　上　路　　吧。

末句尾音上揚，旋律增添活潑輕盈味道，音型往上攀爬，將雨季過後的輕爽、
輕鬆之感營造出來，長音強化歌詞中即將上路的快步感，情緒昂揚綻放，歌
者之詮釋與曲調之輕快高亢，與歌詞奔放意境相貼切，意境上正面陽光。
　　校園歌曲氣質清新無比的特質，充滿年輕人的心聲，感情描寫也趨於淡
雅，如〈如果〉：

〔註35〕該譜例抄自李泰祥〈一條日光大道〉（草原之歌八首之一）首調手稿，參閱交
　　　　通大學：《數位典藏國家型科技計劃‧李泰祥臺灣本土音樂家之影音典藏》《新
　　　　竹：交通大學浩然圖書館數位典藏辦公室，2009 年》。（http://lth.e-lib.nctu.edu.
　　　　tw/index.htm）2017 年 2 月 25 日檢索。

【譜例五-7】〈如果〉〔註36〕

和弦簡單，僅用了 C、F、G 三個和弦，而且幾乎以 C→F→C→G 之順序編寫，聽者可以預測下一句的旋律，十分流暢。詞意則自問「如果你是」，下一句自答「我願是」，符合歌名〈如果〉的主題，旋律變化不大，一如詞意淡淡如陣煙，如輕風。

　　校園歌曲頌的是年輕的心情，將藏著的不如意，躲著的憂鬱藉看山、看水一掃而去，鼓動時情緒高昂卻不激動，如〈讓我們看雲去〉

【譜例五-8】〈讓我們看雲去〉〔註37〕

〈讓我們看雲去〉從「年紀輕輕不該輕嘆息」到「快樂年齡不好輕哭泣」，兩樂句之旋律起伏不大，歌詞勸年輕女孩走出憂鬱的語氣，如音符只升一個音般輕聲上揚，沒有劇烈擺動，詞曲和諧。校園歌曲的旋律整齊性高，大多幾

<hr>

〔註36〕邰肇玫、施碧梧：《跳躍的音符今韻獎專輯‧如果》（臺北：新格唱片，1978年）。

〔註37〕陳明韶：《重逢‧讓我們看雲去》（臺北：新格唱片，1979年）。

個和弦便能將整首歌曲貫穿起來，歌詞亦文藝氣息傾向濃厚，〈如果〉、〈讓我們看雲去〉爲代表性作品。

「金韻獎」讓歌手以原創歌曲參賽，清純質樸的風格蔚爲風氣，而由校園歌曲運動出身的音樂人，對臺灣流行歌曲的影響甚巨，如李泰祥由古典跨越流行樂造就齊豫、唐曉詩等歌手；木吉他合唱團的李宗盛，於滾石時期創作的歌曲，眞實呈現女子的感情觀，成爲日後描寫都會的典型；吳楚楚創辦的飛碟唱片，與當年滾石唱片影響臺灣流行歌曲的發展趨向。〔註38〕

三、流行情歌主題的抒情意境

抒情風格的歌曲在市場流行的數量最多，也最容易傳唱久遠，絕大多數抒情歌曲是情歌的天下，主題不脫悲、傷、愁、苦及哀痛，流行音樂評論作家翁嘉銘在《樂光流影——臺灣流行音樂思路》這樣說：

> 國語情歌要不就是寂寞、孤單、傷別離，彷彿愛情的過程是沒
> 有快樂的，或者說美滿的戀情、喜悅的談情說愛是不值得歌詠的，
> 快樂的愛經不起傳唱，一唱便輕浮、庸俗……這似乎也說明，不管
> 文明多麼發達，物質如何豐足，悲情總是教人心動……而情歌是最
> 容易得到的依靠。〔註39〕

情歌多爲抒情風格，旋律以緩慢速度進行的比例也最高，情愛糾纏的歌詞內容，旋律通常也跌宕起伏，以下分別從輕愁、傷心與悲痛三種情緒分析情歌的抒情意境：

【譜例五-9】〈月亮代表我的心〉〔註40〕

月亮代表我的心
唱 鄧麗君
1=Db 4/4
詞 翁清溪 曲 孫儀
鄉城唱片 1979年

| 0 0 0 05 || : 1 · 3 5 | 7 · 3 5 05 | 6 · 7 1 · 6 |

你 問 我愛 你 有 多深，我 愛 你 有 幾

〔註38〕 參閱林瑛琪：《臺灣的音樂與音樂家》（臺北：臺灣書房，2010 年 2 月），頁
167〜168。

〔註39〕 翁嘉銘：《樂光流影》（臺北：典藏文創有限公司，2010 年 10 月 21 日初版），
頁 135。

〔註40〕 鄧麗君：《我和你——北國之春·月亮代表我的心》（臺北：鄉城唱片，1979
年 11 月）。

〈月亮代表我的心〉是單三部曲式中帶再現單三部曲式，通常以 A（A'）BA' 示之，這種帶再現的單三部曲式在流行歌曲經常可見，以本首譜例觀之，A 段「你問我愛你有多深」明顯是它的主題，在這段主題音調中，曲人孫儀以流暢的形式，與詞人翁清溪包裹著詞意深情的內容，讓後面的旋律發展一氣呵成。A'是個複樂段，重複 A 段之後續問主題，到了中間 B 段，加入不同的音樂變化，和 A、A'段落在旋律上產生新的發展，甚至是一種對比。第三段 A'重複第一段落，整首歌輕輕地問，輕輕地吻，重複問了三遍，情歌裡的抒情意味就在這重章疊唱間使純潔的發問有了情境之美。

再看它的節奏，不緩不急，呂鈺秀指出它始終以「短長－短長－」的節奏方式進行，〔註41〕沒有跳動式的大規模變化，聽者能感受穩定的擺動，因為旋律起伏不大，歌詞也配合得很輕軟，鄧麗君綿柔的聲響效果使這首情歌的情境達到淡淡輕愁的抒情效果。再如〈一場遊戲一場夢〉：

〔註41〕呂鈺秀：《音樂學探索——臺灣音樂樂研究的新面向》（臺北：五南圖書出版股份有限公司，2009 年 8 月），頁 91。

【譜例五-10】〈一場遊戲一場夢〉〔註42〕

　　這段旋律使用同音符的比率很高，尤其是〔Do〕、〔Re〕、〔Mi〕三個音，如第一、二段落：

此首曲調幾乎沒有太多變化，歌詞以淡筆表達感情上不願深刻親密的個人宣示，一場遊戲的愛情何必有大起大落的情愛糾葛，因此這兩段旋律除了〔6̇〕音之外，基本上幾有六個音進行交替變換。到了第三段，旋律依舊沒多大起伏：

旋律平淡之下，詞意也淡，但它仍是一段抒情風格的歌曲，這樣的敘述對感情看法平淡的歌曲，曲調上本就會缺少變化，其重點通常是在歌詞意境，不過〈一場遊戲一場夢〉還是做到詞曲相合，意興闌珊的歌詞重複遊戲與夢的

〔註42〕王傑：《一場遊戲一場夢・一場遊戲一場夢》（臺北：飛碟唱片，1987 年 12 月）。

態度，旋律的平淡自然就吻合了詞的情境。

　　有些情歌的悲意在歌曲開頭就能定出調性，如〈驛〉：

【譜例五-11】〈驛〉〔註43〕

〈驛〉是分手的情歌，作曲人蔣三省，選了一個很好的起頭，並且將這個開頭貫穿於歌曲，為整首歌的旋律發展出一個穩固的基礎。弱拍起句與三連音就是此首最明顯的開頭材料，所有的弱拍及三連拍詞意分別為：「這就」、「斷了」、「就真」、「不再」、「飛出了」、「飛出」、「飛到另」、「我的」、「經過」、「所有的」、「漂浮在」、「人生是」、「泛黃的」、「而我站」，樂段充滿排列整齊的三連音，而且旋律集中於歌詞欲表達的情境，失去情人的悲傷，藉這些三連音不斷提醒斷了的、飛出了的情感，如此的情緒感受始終於歌中維持其基調，透過選擇相合的旋律作開頭，一路穩定行進至尾段，詞曲皆為統一的悲傷調性。

────────────

〔註43〕林慧萍：《等不到深夜·驛》（臺北：點將唱片，1991年10月）。

　　能讓抒情風格的情歌達到情緒的激烈，旋律就必須有很高的波動幅度，連看兩個例子：

【譜例五-12】〈煎熬〉〔註44〕

```
| 6  -  -  6 i | i  -  3 33 33 3 | 11· i | 0 i 55 |
      心 一 跳 愛    就 開 始 煎     熬。    每 一 分
| 5  -  0 4 322 | 2  -  6  7 i | i  -  3 33 33 3 |
   每 一 秒。      火  在  燒    燒 成 灰 有 多
| i i i  0 i 55 | 5  -  0 4 32 2 | 2  -  0 2 23 |
   好。  叫 思 念    不  要 吵。      我 相 信
| 4 3 i 4 3 3 0 i | 4 3 i 4 3 3 0 i | 5 5 5  5 | 0 4 32· |
  我 已 經 快 要 快 要 把 你 忘 掉。 跟 寂 寞    再 和
| 2  -  -  -  0  ‖
   好。（下略）
```

【譜例五-13】〈新不了情〉〔註45〕

```
| 2  -  -  0 5 | 3·  6 6  671 | 2 3 0 25 i  6 7 |
         回 憶    過 去 痛苦的 相 思  忘不了， 為何
| 1  0 44  176 | 65·  5  4  3· 5 | 3·  66  321 |
  你   還 來 撥動我 心跳。  愛 你 怎麼 能了， 今夜的
| 2 5 52 i  6· 7 | i  -  -  6· 7 | i  -  -  ‖
  你 應 該 明暸。 緣 難 了，     情 難 了。（下略）
```

〈煎熬〉與〈新不了情〉兩首歌曲在副歌高潮處分別使用七（〔6〕→〔5̇〕）與八（〔5〕→〔5̇〕）大跳的音域，如此波動使得情緒順勢激昂，愛情的煎熬與痛苦的相思隨著旋律高低震盪，詞曲均充滿激情的濃烈意境。

四、搖滾曲風的詞曲情境

　　搖滾風格的情境

〔註44〕李佳薇：《感謝愛人‧煎熬》（臺北：華納唱片，2011年9月）。
〔註45〕萬芳：《新不了情電影原聲帶‧新不了情》（臺北：滾石唱片，1993年11月）。

葉雲平於《臺灣流行音樂 200 最佳專輯》前言說：

> 一九九三年至二○○五年間選評選的華語百大專輯如彩繪般色澤繽紛，展示出原住民歌謠、流行、搖滾、龐克、放克、R&B、Hip-Hop……等多元風貌的涵括性。〔註46〕

九○年代後臺灣流行歌曲走向另一波蓬勃旺發的階段，類型與風格不再是過去流行樂界某些主流人士品味的呈現，流行歌曲正式走入繽紛的時代，而搖滾樂亦由這時異軍突起，影響之遠由五月天演唱會秒殺現象，或由 2016 年諾貝爾文學獎得主搖滾詩人鮑伯狄倫（Bob Dylan）對西方流行歌曲的貢獻得以窺見。〔註47〕搖滾樂是五、六○年代西方崛起的曲風，誕生之初便是帶著叛逆意識挑動年輕人的思想和欲望，〔註48〕開拓臺灣搖滾樂最具代表的是滾石唱片公司，據王淳眉所寫之〈製作類型：戰後國語通俗音樂「流行曲」與「搖滾樂」的系譜考察，從「滾石」、「飛碟」到「水晶」〉一文提及，滾石旗下子公司魔岩文化將搖滾的理解帶至中國，開始操作一批新音樂（包含搖滾樂），而大陸本身的搖滾樂則由崔健為先鋒，但這兩個音樂組織並不互涉，而是各自獨立。〔註49〕至於搖滾樂在國語流行樂壇的發展本文不做詳情論述，仍著力於搖滾歌曲在詞曲關係之探討。

搖滾歌曲有很大的精神在於對時代壓迫的反抗，〔註50〕因此詞無不帶著批判色彩將思維藉助曲子傳達出去，往往有強大的煽惑力，而且注重節奏，鼓動的氣息能讓血液加速，羅大佑的黑色旋風、崔健的中國搖滾以至後來五月天及由張惠妹分身出的阿密特，均以搖滾之姿唱出壓抑、憤怒與質疑的流

〔註46〕 中華音樂人交流協會企劃製作、陶曉清、馬世芳、葉雲平編輯統籌：《臺灣流行音樂 200 最佳專輯・梳理流行音樂的珠玉脈絡》（臺北：時報文化，2009年1月），頁 4。

〔註47〕 中央通訊社發稿新聞，（http://www.cna.com.tw/news/firstnews/201610135011-1.aspx），2016 年 10 月 13 日檢索。

〔註48〕 張鐵志：《聲音與憤怒——搖滾樂可能改變世界嗎？》（臺北：商周出版，2011年 8 月初版 10.5 刷），頁 30。作者從 Bob Dylan、John Lennon、David Bowie、The Clash……等搖滾歌手中提出這些都是最能對時代提出最嚴肅反思的滾樂的藝人，認定搖滾樂對時代有巨大影響力。

〔註49〕 王淳湄：〈製作類型：戰後國語通俗音樂「流行曲」與「搖滾樂」的系譜考察，從「滾石」、「飛碟」到「水晶」〉，新竹：國立交通社會與文化研究所碩士論文，2016 年 6 月，頁 55。

〔註50〕 張曉舟：〈中國搖滾是怎樣沒有煉成的？〉《愛上噪音》（臺北：八旗文化，2012年 7 月），頁 19。

行樂章，崔健的首張專輯橫空出世後，奠定中國搖滾史的正典地位〔註51〕：

【譜例五-14】〈一無所有〉〔註52〕

| 666i̇ i̇ 2̇ | 2̇ 0 0 0 | 7 7776 6̣ | 6 - 0 0 |
我曾經問個 不　休，　　　妳 何時跟　我 走？

| 66 66· i̇ | 2 766 - | 6 5 32 2̇ | 2̇ - 0 0 |
可妳 卻總　是 笑　我，　一 無 所 有。

對於崔健的歌曲通常著重在他的歌詞分析，〈一無所有〉的文字相當白描，開
場前四句就直接分明，從旋律分析，前四小節做了調式上的改變，譜例標註
之 A 段一、兩小節為降 E 的〔Re〕調式，到了 B 段的三、四兩小節則變換為
降 B 調式，但 AB 段之調號並未改變，再看詞意，以不同高度但相同一調式的
旋律進行一段對話，我問女子跟我走嗎？她卻笑我一無所有，尾音均衡地呼
應，再從節數與節拍觀之亦為對稱，崔健運用音樂語言的材料，巧妙安排了
音符的排列，形成旋律上的形式美。〔註53〕

　　重節奏是搖滾樂的重要特質，節奏均為四拍，二、四拍為重音，如譜例
強拍「休」、「走」皆唱重。另，旋律一開頭便唱進高音域「不休」〔2̇ 2̇〕，
至第五節「笑我」〔2 766〕落差十一度，音符跳躍間能將激烈的情緒溢
出，全首就在問答間起起落落地擺盪不確定的質疑語氣。

　　在校園民歌走入末期，成了風花雪月的代名詞，戒嚴體制摧殘了創作自由，
許多知識分子或學院內的青年轉而從西洋的搖滾樂或古典樂中尋找感動，八○
年代羅大佑的出現，扭轉當時許多不聽國語歌的人聆聽他的歌。〔註54〕其音樂
融合搖滾、雷鬼，有人說他終結民歌時期的陽春曲風，開啟臺灣對創作歌手
的偏愛，〔註55〕他的《之乎者也》專輯最引人注目的是批判性的歌詞，〈鹿港

〔註51〕同《臺灣流行音樂 200 最佳專輯》註，頁 34。該定論為馬世芳在其書所言。
〔註52〕崔健：《一無所有·一無所有》（臺北：可登唱片，1989 年 4 月 10）。
〔註53〕曾遂今：《現代通俗歌曲觀念與技法》（成都：四川教育出版社，1993 年 10
　　　　月），頁 89。
〔註54〕同《台灣流行音樂 200 最佳專輯》註，頁 21。收錄的歌如〈鹿港小鎮〉、〈鄉
　　　　愁四韻〉（余光中詞）、〈童年〉、〈戀曲一九八○〉，其中用了一些文白夾雜的詼
　　　　諧文字，諷刺僵化的教育，如〈之乎者也〉；〈將進酒〉唱出年少對家國與愛
　　　　情的矛盾。
〔註55〕馬任重：《毒舌教練的臺灣流行音樂講座》（臺北：左岸文化事業有限公司，
　　　　2011 年 9 月初版），頁 145。

小鎮〉則是另一首搖滾歌曲的代表：

【譜例五-15】〈鹿港小鎮〉〔註56〕

0· 37 6 7 6 7 1	1 7 6 1 1 0	0· 37 6 7 6 7 6	1 7 6 3 3 0

假如你 先生 來自 鹿港小鎮，　　請問你 是否 看見　我的 爹娘，

0· 33 2 3 3 22 2 11	22 3 7 7 0	0 2 11 2 11 2 1	1 1 2 3 3 0

我家就 住 在媽祖 廟的 後面，　　賣著香火 的那家　小雜貨店。

0· 37 6 7 6 7 1	1 7 6 1 1 0	0· 37 6 7 66 7 6	1 7 6 3 3 0

假如你 先生 來自 鹿港小鎮，　　請問你 是否 看見　我的 愛人，

0 33 2 3 3 22 2 1	2 22 1 2 2 0	0 42 11 2 11 2· 11

想當年 我離 家時　她一 十八，　　　有一 顆善良的心　和一

1 1 2 7 7 0	0 3 32 5 54 33	1 1 2 3 3 23 3 67

卷長髮。　　　　　　　　　　　　　台北 不是 我的家，我的

不同崔健〈一無所有〉開頭直接跳進高音區，〈鹿港小鎮〉從較低的音域中速度唱起，又以沉鬱的粗獷喉音低問，4/4 拍子第二與第四拍重唱的情形依舊，旋律第四節低問後第五節開始升高，「我家就住在媽祖廟的後面」，「後面」二字刻意拉高強，第六節「小雜貨店」亦唱重音，能感受歌詞想表達對故鄉的懷念。羅大佑的搖滾歌曲重歌詞描寫，進入副歌處歌詞密度增加：

1 1 2 3 3 23 3 67	3 3 4 ♯5 5 25 5

台北 不是 我 的家，我的 家 鄉 沒 有 霓 虹燈。

66 3 234 55 2 123	42 21 4 21 ♯55 5

鹿港 的街 道，鹿港 的 漁村， 媽祖廟裡燒 香的 人　們。

1 1 2 3 3 23 3 67	3 3 4 ♯5 5 25 5

台北 不是 我 的家，我的 家 鄉 沒 有 霓 虹燈，

66 3 234 55 2 123	34 14 1 4 4 12 121

鹿港 的清 晨，鹿港 的 黃 昏， 徘徊 在文明 裡　　的人

6 － － －

們。（下略）

〔註56〕羅大佑：《之乎者也‧鹿港小鎮》（臺北：滾石唱片，1987 年）。

副歌詞意與前半段懷念故鄉不同，此段幾乎是喊叫式地咬著每個字與音，情緒比之前火爆地唱「臺北不是我的家」不同，對於身處臺北失落的情緒時旋律並不高昂，因為旋律譜的位置亦不高，到了下一句對鹿港的描述時，則是高音吶喊。觀看「臺北」與「鹿港」兩句的小節，無論音符與字數多寡皆不同，鹿港的唱法快速、一拍唱三至四個音，唱得夠快夠急，憤怒的情感能立刻感受，聽者在節奏與高低音域間藉由歌詞聽見批判的情境。

　　搖滾風格的歌曲速度較快，作品詞量均多，一字一音端半是為了塞進更多文字，以表達歌詞內容與背後精神，因此就有旋律性不強的現象，如〈酒矸倘賣嘸〉及〈母系社會〉：

【譜例五-16】〈酒矸倘賣嘸〉

2 - - 12	3 323 53	3 - - 23	5 535 56
多麼 熟悉的聲　音，		陪我 多少年風 和	
你不曾養育我，		給我 溫暖的　生	

5 - - 35	6 656 16	6 - - 56	i i6i 23
雨。 從來 不需要想 起，		永遠 也不會忘	
活。 假如 你不曾保 護我，		我的 命運將會 是什	

2 - 02	2 2 i 16	6 - 02	i i66 65
麼？ 是 你 撫 養 我 長 大，		沒 陪 我 說 第 一 句 話。	
麼？ 沒 有 你 天 哪 有 地，			

5 - - 02	6 6 656 53	3 - 06	5 533 32
沒 有 家 哪 有 你，		沒 有 你 哪 有 我，	
是 你 給 我 一 個 家，			

2 - - 12	3 - - 23	55 553 5	6 - - -
假如	讓我 與你 共 同 擁 有	它。	

〈酒矸倘賣嘸〉詞曲情境十分貼合，它不是沒有經過醞釀就拔高音，最明顯的詞曲配搭在於依照不同的歌詞內容，在柔調與快板之間的段落做了恰到好處的安排。第一大段是抒情搖滾，開頭的旋律從〔１２３〕唱起，平緩的起點，第三小節〔２３５〕的抒情往上行進，接著〔３５６〕慢慢爬音，第七節又高兩個音〔５６１〕，一路往高音行進，旋律變化讓抒情的哀傷音調被營造出來，若不是後面強烈的節奏，光看這一段落並不會認為是首搖滾歌曲，但詞意是相合的，以柔情敘述親人對己身的愛，而「命運」二字為後面的暴烈埋下伏筆，因為之後要說的是父親人生故事：

6 - 3 5	6 656 65	6i 66 66	55 553 55 53
雖然 你 不能開 口說 一句 話卻 更能 明白人世間的黑白			

```
| 5  65  5 55 | 3  32 33 32 | 35  3 3  3 | 2  212  21 |
   與 真假。  雖然 你 不會 表達 你的 真  情，卻  付  出了 熱 忱的

| 23 22  -  2/4 1   2  | 4/4 33  23 33 32 | 3  53  3 23 |
   生 命。     遠  處      傳來 你多麼熟悉 的 聲音， 讓我

| 55  35  53 | 5  65  5 35 | 66  566  5 | 61  66  56 |
   想起 你多 麼慈 祥 的心 靈 什麼 時候 你才 回 到 我身 旁， 讓我

| 1  1 61  23 | 2  -  -  0 |
   再  和你 一 起  唱。
```

間奏勁疾引入搖滾風格，節奏速度之快之急，譜例幾乎一字一音，〔Mi〕、〔Sol〕、〔La〕三個相同的音重複於樂句間，旋律性減弱許多，但感人的歌詞儘管在旋律減弱仍有激情的意境。〈母系社會〉副歌段，〈酒矸倘賣嘸〉、〈母系社會〉在副歌敘述歌詞欲表達的內容在旋律性上有著不同的區別：

【譜例五-17】〈母系社會〉〔註57〕

```
| 3  -  0  6666 | 3 6  656566  1 1 666 |
           不要再說 要 進 廚房能出廳堂， 不要再說

| 3 6  656566  60666 | 3 6  656566  1 1  7 |
   要 會 鋪床又能著 床。這個世界沒 有女人該怎麼 辦？ 你

| 1  27 7  0666 | 3 6  656566  1 1 666 |
   想， 你想。 不要以 為 西 裝革履就是戰 袍，不要以

| 3 6  656566  30666 | 3 6  656566  1 1  1 |
   為 浴 帽圍裙就是渺 小。信以為 真 連 續劇裡的那一 套， 皇

| 1  27 7  7 7 1 | 1 6  6  -  0 |
   上 吉祥， 簡 直可 笑。（下略）
```

〈母系社會〉是重搖滾歌曲，歌詞描寫女性地位低賤欲予以發聲之內容，這一段落旋律性幾乎和饒舌歌曲差距不遠，近乎念詞方式，不過本文認為此處仍為詞曲相合，因為向男人世界控訴的情緒，本就該理直氣壯、咄咄逼人，幾個高音符〔1 2 3〕出現如斥似怨，在搖滾聲響下強而有力。〈酒矸倘賣

〔註57〕阿密特：《阿密特2‧母系社會》（臺北：EMI唱片，2015年4月4日）。

嘸〉的旋律性並沒有〈母系社會〉如此弱，尤其樂段最後一小節，「再和你一起唱」，起伏旋律再現，「唱」字進入高音〔２〕，情緒與詞並進，鋪陳到第三段落時，隨著開展新的旋律後進入第三段落：

此段落歌詞只有一句「酒矸倘賣嘸」，卻以二聲部齊唱反複旋律的激昂與感動，若說此時「酒矸倘賣嘸」只是一句嘆詞，在不斷反覆齊唱中，也足以構成一唱三嘆的繚繞情境，聽者在回聲效果裡得到暢快淋漓的抒發。

　　本節論述詞與曲的配合關係，以兩者的情緒吻合程度作分析，由歌手演唱實例進行內容討論，流行歌曲的詞曲就現象觀察，仍然相合性的情況居多，不相合的演唱實例並不多見。

第三節　歌曲聲情意境未盡契合

　　第四章曾舉〈舞女〉一例，論其完全不押韻的現象，該曲原詞為閩南音，詮釋一名舞女帶著面具討生活的內容，然，當它唱成國語時，詞的內容不變，甚至副歌完全為閩南歌曲的直接翻譯，旋律如跳舞般輕快，但聽起來怪異，除了押韻不合韻腳外，翻譯重唱後的韻味亦褪去。若這兩首不同語系，速度相同均可以填詞，表示樂曲的詮釋並非是唯一的，因此可以不同速度、甚至不同節奏型態，或加減音符，是不是會填出不同的詞？這樣的角度所唱的歌曲情境上或許就會有所不同，雖然例子不易找尋，不過仍提出這個假設，以不同版本演唱實例分析。

　　〈舞女〉由閩南語翻唱國語，和翻唱外國歌曲的意思接近，只是國語歌曲翻唱閩南語歌曲，而且詞意幾乎一致，卻因押韻不合，情境也相對下滑。

八〇年代林慧萍唱紅的〈往昔〉，由日文〈Only My Love〉翻唱，〔註58〕兩首詞意不同，但皆為抒情風格的柔歌，此例特殊性在於，林慧萍將成名作〈往昔〉重唱成另一首閩南語歌曲〈愛情的摩托車〉（如對照譜例）：

【譜例五-18】〈愛情的摩托車〉〔註59〕

由詞之情境分析，兩者完全不同，情緒反應亦有鮮明區別，一則如詩柔情，一則如趣味的撒嬌，皆出於同一人演唱，這是很有趣的例子。以下就速度、歌詞變動探討歌曲聲情意境的變化。

一、不同速度之情境

探討歌曲情境時，情緒反應為重要的感受指標，基本情緒有程度的不同，曲子演奏出來，能否領受情緒，較難分析，因演奏者的因素影響較大。演奏是一種再創作，若速度快或慢些，情緒便不同，節奏緊鬆或重或輕皆有可能改變。這部分較難以討論之因，乃因曲是經過演、唱、奏表現，彈性空間大，是再詮釋功能展現，填上詞後，再詮釋空間縮小，詞意已規範它的曲該如何表演，因此演唱者只能想辦法詮釋歌詞內容，亦即無法讓一首曲，與

〔註58〕〈往昔〉一曲為八〇年代國語玉女林慧萍出道第一張專題主打歌，本曲為翻唱日本玉女松田聖子之〈Only My Love〉，原詞唱的是女子對伊人的摯愛，〈往昔〉為伊人已不知去向而嘆息往日，兩首相同旋律，詞之內容略有不同。

〔註59〕林慧萍：《臺灣國語‧愛情的摩托車》（臺北：點將唱片，1992年）。

不同情緒的詞配在一起（如一喜一悲），這種情形可稱之爲情緒不合、或情境不合。

　　在旋律與詞相同情況下，節奏的快慢緩急就有不同感受，如八○年代，由民歌和搖滾兩大風潮間的過渡型音樂，〔註60〕丘丘合唱團的〈就在今夜〉便爲一例。它是首搖滾歌曲，節奏強烈，速度約♩=135 旋律如下：

【譜例五-19】〈就在今夜〉-1〔註61〕

| 0　　0 55｜6　　3 33｜ｉ　　7 ｜7 － |
| 男：　　就在 今　夜，就在 今　夜。 |
| 2·　55‖：6　　3 21｜23 21 ｜61｜2 21 2 61｜ |
| 女：　就在 今　　夜，我要 悄悄離去，因爲 你 曾經說，你對 |
| 2 22 22 56｜3·　　55｜6　　3 21｜23 21 61｜ |
| 我 不再感覺溫　柔。　就在 今　夜 我要 說一句話。 也許 |
| 2 21 2 61｜2 23 21 72｜1　－　｜0 55 5 66·｜ |
| 你 不相信，可是 我 願意記得這句 話。　這句話就是 |
| 7　1 2｜0 55 5 66·｜7　1 2｜2　－　｜ |
| 我 想 你，雖然你已經 不 愛 我， |

〈就在今夜〉旋律快速流暢，後半拍起句的句型很多，要說的詞亦多，幾乎一字一音，一連串的十六分音符如〔2321〕、〔2256〕、〔2321〕、〔2172〕，從這個樂段，可見旋律行進時急促到需要喘口氣，但就歌詞內容觀看，是首離別宣言，而且即將於今夜離去，旋律、節奏與詞之搭配並不太相合。它是一九八三年暢銷歌曲，〔註62〕當時歌曲評論均以它火熱現象報導爲主。本文有個現象觀察，似乎只要旋律好聽，詞意內容對大眾而言並不那麼在意，〈就在今夜〉一聽節奏就撥開情緒，以當時而言，是相當新穎的國語搖滾歌曲，大眾接受度高，暢銷目的便達成。然，有個版本以同樣旋律放慢速度，更動幾個字、拉長了一次尾音，詞曲意境：

〔註60〕同《臺灣流行音樂 200 最佳專輯》註，頁 42。此爲陳歆怡於書籍中評論之說法。
〔註61〕丘丘合唱團：《就在今夜》（臺北：新格唱片，1982 年）。
〔註62〕《綜藝一百》流行歌曲排行榜爲八○年代臺灣流行歌曲介紹並每週公布銷售榜的主流節目。《臺灣流行歌曲排行榜》，（http://tw-pop-chart.blogspot.tw/2014/05/1983_26.html）2017 年 3 月 2 日檢索。

【譜例五-20】〈就在今夜〉-2〔註63〕

```
| 0   55 ‖: 6    3 21 | 2321 1 61 | 2 21 2 61 |
     就在  今  夜，我要 悄悄離去， 因為 你 曾說過，你對

| 2 22 2256 | 3·    55 | 6    3 21 | 2321 1 61 |
  我 感覺不再溫 柔。   就在 今  夜 我要 說一句話。 也許
```

這是林宥嘉二〇一七年出版之演唱會實錄，首先他更動幾個詞：

1、「因為你曾經說」更為「因為你曾說過」。

2、「你對我不再感覺溫柔」更為「你對我感覺不再溫柔」

這兩句更動對押韻並無改變，第一句丘丘唱「曾經說」語氣直問，不拖泥帶水，情緒一目了然；林宥嘉改唱「曾說過」，「說」、「過」兩字韻相同，語氣輕緩，情緒低穩。第二句「不再感覺」是已沒有感覺，「感覺不再」是沒以前那麼有感覺，後者還是委婉，前者主語為你，後者為感覺，強調的主體不同，句子的重心轉移。歌詞變動所感受的情緒，需靠分析解釋，本文相信林版是經過設計更動的唱法，有別丘丘版的激烈情緒。林版後面將一段旋律的節奏唱鬆，並加了尾音，添增柔情感受：

```
| 0555 66 6 | 7·    1 2 | 0555 66 | 7    1 2 |
  這句話 就是  我  想 你， 雖然你已經  不   愛 我，

| 4 3 4 5 | 2  -  #G | 5555 5563 | 3333 2311 |
  喔~            就在今夜我要離去，就在今夜一樣想你。
```

四個〔4 3 4 5〕尾音之後，為了使結尾情緒高漲些，轉了一個小二度調，這是流行歌曲常用的情緒轉換方式。林宥嘉將這原本該淡淡離愁的詞意唱到符合的步調，詞曲拉回相合的情境，一九九七年主唱金智娟出版《金典-金智娟經典重生輯》將〈就在今夜〉重新演繹，版本改為抒情，節奏、速度徐緩很多，旋律、詞意不變動下，更符合歌曲意境。

〈就在今夜〉除更動幾個詞，速度及節奏的變換，讓整首歌氣氛較接近詞意表達的別離內容，更動幅度大；有些歌更動的句子短，卻能產生明顯的情緒波動，即使僅更動一、兩個旋律或字，如〈哭砂〉這首被重唱出版不計其數的歌曲，其旋律平穩，起伏不大，屬於柔情意境之作：

〔註63〕林宥嘉：《有時 THE GREAT YOGA 有時口的形狀　林宥嘉演唱會自選 LIVE（2CD）》（臺北：華研唱片，2017 年 1 月 6 日）。

【譜例五-21】〈哭砂〉-1［註64］

| 3· | 566 | 33 | 21 116 | 2·116 | 611 | - 0 | 1 - - - |
| 離 | 開我， | 讓那 | 手中瀉落的砂像淚水 | | 流。(黃鶯鶯版) |

【譜例五-22】〈哭砂〉-2［註65］

3 3	21 116 2	1 1	1 1 6	1
讓 那	手中瀉落的	砂 像	那 淚 水	流。(葉蒨文版)
			1 - - -

　　整首而言，旋律沒有太多波動，情感鋪陳為淡淡哀傷，〔2 i 1 i 6〕為這兩樂句的主要旋律，黃鶯鶯為原唱，之後高勝美、張惠妹均詮釋過，兩句字數雖多，她們皆以柔順語氣毫無勉強滑唱；葉蒨文的唱法，更動〔1〕一個音符，且多加「那」字，雖然旋律大致未變，卻因如此置換、加字，本應柔滑的兩小節，「讓那手中瀉落的砂」唱得急迫，旋律與詞配合不上，流暢的〔1 6 6 1 1 -〕，葉版增「那」字，抒情中匆忙趕唱，旋律便沒有黃版悠揚，因此速度更動幅度就算微小，亦能改變一首歌之情境。

二、歌詞上變動的情境不合現象

　　詞曲情境不相合中，有個大家耳熟能詳的例子──〈兩隻老虎〉，這唱過多少輩童年的歌謠，詞曲確實不合，原因在歌詞：

1 2 3 1	1 2 3 1	3 4 5 -	3 4 5 -
兩 隻 老 虎，	兩 隻 老 虎。	跑 得 快，	跑 得 快。
5·65·43 1	5·65·43 1	1 5 1 -	1 5 1 - ‖
一隻沒有耳 朵，	一隻沒有尾 巴。	真 奇 怪，	真 奇 怪。

〈老隻老虎〉詞曲不合並非旋律的關係，它是童謠式的簡易曲風，旋律勢必要簡單易唱，而且本曲相當輕快，但「沒有耳朵」、「沒有尾巴」，為詞意破壞意境的關鍵。童謠裡的動物已殘，曲調仍輕快地唱著真奇怪，頗令人意外至今仍流行於民間，兩句除未押韻外，情境與旋律不合顯而易見，除了聽眾沒有意識外，或許更多人並不在意歌詞情感裡的涵意，才能如此傳唱。後來有

〔註64〕黃鶯鶯：《讓愛自由‧哭砂》（臺北：飛碟唱片，1990年7月）。
〔註65〕葉蒨文：《真心真意過一生‧哭砂》（臺北：飛碟唱片，1992年7月）。

些唱詞改唱成：

> 手在哪裡？手在哪裡？在這裡，在這裡。你今天好嗎？我今天
> 很好。再見吧！再見吧！〔註66〕

或改唱

> 兩隻老鼠，兩隻老鼠。會跳舞，會跳舞。一隻會跳 Tango，一
> 隻會跳 Blues，真奇怪？真奇怪？

流行歌曲工業生產先前已談過，先有曲後找詞人填寫為最普遍，之後唱片公司進行比稿，最後選出的詞曲一定有許多原因獲選。唱片製作人黃文龍與本文進行探討時，說明選曲的標準為好聽、有市場流傳性，但往往比稿後，會有一些同曲不同詞之作，在各大唱片公司音樂管理部存留，〔註67〕這些作品經過多年，會重新填詞出版，比如經典 K 歌〈原來你什麼都不要〉，當年該曲是替潘越雲量身製作，原名〈虛榮〉〔註68〕，兩首皆為對愛情體悟的抒情之作，詞曲情境皆相合，但〈原來你什麼都不要〉旱地拔蔥般，紅翻整座國語樂壇。這種選歌情形透露，流行音樂音樂教育仍有待努力，寫詞比寫曲的人多，一曲多稿成為目前的現況。

〈原來你什麼都不想要〉是整首歌詞更換的情形，有些例子只更動一、兩字，情境也有所改變，如〈忙與盲〉：

【譜例五-23】〈忙與盲〉〔註69〕

〔註66〕Mojim com（https://mojim.com/twznew.htm）2017 年 3 月 2 日檢索。

〔註67〕黃文龍目前為太極音樂製作擔任唱片監製及製作人，曾製作白冰冰、蔡小虎、方順吉、大芭、安以軒等閩南語歌曲，並發行三張薩克司風流行音樂專輯。

〔註68〕MÜST 社團法人中華音樂著作權協會（MUSIC COPYRIGHT SOCIETY OF CHINESE TAIPEI）：（http://musttaiwanorg.blogspot.tw/），2016 年 10 月 21 日檢索。此篇撰文採稿人為李淑娟為典藏計劃所寫，她描述當年〈原來你什麼都不要〉的收歌情況，這是詞人鄔裕康先有詞再有曲之詞作，原〈虛榮〉歌名經華唱片老闆彭國華修改為〈原來你什麼都不想要〉，後來在歌壇成為熱銷金曲，原為潘越雲製作的歌名更為名為〈誰辜負誰〉。

〔註69〕張艾嘉：《忙與盲・忙與盲》（臺北：滾石唱片，1985 年 3 月）。

```
| 2 2 0   2 2 0   0 1 6 1   | 1   —   —   —   ‖
  肥皂    香水    眼影唇     膏。
```

〈忙與盲〉描述臺北都會女子忙碌與盲目的心情，藉日常的筆，唱出城市女子的寫實生活，節奏稍快，旋律多為八分及十六音符，唱起來頗有急促感，符合都市的快速風情。「肥皂」、「香水」頓音處，強調女子生活的實際狀態，「一張床」和「哪個對象」直截了當地道出女子生活的另一處面貌。這一段落押韻、邏輯與詞曲意境皆吻合，但過去新聞局有電檢制度，對於詞曲是否違反善良民情均加以查核，〈忙與盲〉第一段歌詞初審未過，後為通過審合，便將「一張床」及「哪個對象」改寫，旋律則保持原貌：

```
| 5· 5 5 5   6   1   1 6   6 5 4 4   —   0 1 |
  曾  有一 次  晚  餐       和 一 個夢，(床更為夢)    在
| 2· 2 2 2   2·  2 0 2 1 2 | 3   3   0   0   0 |
  什  麼時 間  地  點 和那些幻  想。(對象更為幻想)
```

更動後的詞意如譜例標示處，置換後「一張床」成「一個夢」，「哪個對像」成「那些幻想」，成為一種「夢遊」加「健忘」的症狀，〔註70〕當然夢遊與健忘與詞意也有關聯，卻與後面生活的寫實生活脫離，情境削弱，接近不合臨界。

　　流行歌曲情境不相合，通常不是整首，正如詞調中加字、減字，基本上旋律沒有改變，這是正常現象，詞調「又一體」往往便是一、二字的增減，而旋律並不改動，跟流行歌曲類似。上述譜例雖非加減字僅變換詞意而有感受的不同，某種程度亦可謂情境不合。

第四節　詮釋者與歌曲聲情意境之展現

　　本文第二節以〈茉莉花〉分析不同版本的情境，是基於本章的核心為形式先於內容，因此江蘇〈茉莉花〉婉轉、山西高亢不時有跺音，未討論的陝西旋律變形，唱起來遼闊高遠、河北以當地民歌的風格演唱，率直感明顯，這些同一素材在當地的變形有大有小，但曲調皆相同。本文雖以國語歌曲為

〔註70〕《臺灣流行音樂200最佳專輯》，頁48。此為陳歆怡於書籍中評論之說法。

研究範疇，閩南語類似的歌曲也有例子，如慣稱的民謠，〔註71〕〈臺南調〉的〈牛犁歌〉，試以鳳飛飛版本之譜例說明：

【譜例五-24】〈牛犁歌〉〔註72〕

牛犁歌

唱 鳳飛飛

詞 許丙丁 曲 臺南調
歌林唱片 1990年8月

1=D 2/4

〔註71〕顏綠芬：〈民歌、流行歌的釋疑與台語鄉土歌曲教學〉，《美育》211 期，2016年 5 月 1 日，頁 45。此處為恆春民謠，作者指出有：「思想起」、「四季春」、「五孔小調」、「楓港小調」、「牛尾絆」、「台東調」及「守牛調」等類型。

〔註72〕薛宗明：《臺灣音樂辭典》（臺北：臺灣商務印書館，2003 年），頁 20。該辭典釋名〈牛犁歌〉為閩潮地區之民歌小調，又稱牛犁陣或駛犁陣，為農村閒暇自娛娛人的活動。

鳳飛飛演唱時，第一遍與第二遍唱速度不同，兩段情緒落差明顯，曲調每節皆滑音，唱法自然流暢，另一首為著名的〈青蚵嫂〉。

　　〈青蚵嫂〉曲子取自〈臺東調〉，填詞人為郭大城，發表於一九七〇年，〔註73〕〈臺東調〉、〈恆春耕農歌〉、〈三聲無奈〉與〈生蚵仔嫂〉為分化後之歌曲，〔註74〕這些旋律均承襲平埔族曲調，〔註75〕之後歌壇演唱者如鄧麗君、余天、鳳飛飛、江蕙、羅大佑等人，以不同方式詮釋該調作品，每位歌手演唱方式顯著不同，情緒也有所轉變。這些歌詞基本上相同，只是個人演唱方式有別，節奏速度快慢不一，或節拍轉移或轉音修潤，皆影響情感的流動，如譜例及圖表所示：

【譜例五-25】〈三聲無奈〉鄧麗君版〔註76〕

一　時　貪　著　阿　君　仔　美，

癡　情　目　睭　格　眛　眛。

【譜例五-26】〈三聲無奈〉余天版〔註77〕

害　阮　目　屎　四　淋　垂。（下一小節，變換節拍）
無　疑　倖　俸　不　應　該。
好　花　變　成　相　思　栽。

我站在　　窗　邊　　啊……

〔註73〕主持：陳惠芳、主述：莊永明《央廣‧臺灣小百科‧〈臺灣歌謠──生蚵仔嫂〉》廣播節目之錄音，2015 年 2 月 28 日。（https://www.youtube.com/watch?v=Y8cx5OVOEbo）2016 年 11 月 12 日檢索。此外並參閱孫德銘、莊永銘：《臺灣歌謠鄉土情》（臺北：孫德銘出版，1994 年），頁 94。

〔註74〕齊于萱：〈當代音樂〈青蚵嫂〉之跨文化分析〉，臺北：國立臺灣藝術大學戲劇學系表演藝術碩士論文，2013 年 12 月。頁 20。

〔註75〕邱國榮：《臺灣教會公報》2013 年 10 月 16 日。（http://www.tcnn.org.tw/news-detail.php?nid=5448）2016 年 3 月 4 日檢索。

〔註76〕鄧麗君：《難忘的初戀情人‧三聲無奈》（香港：麗風唱片，1971 年）。

〔註77〕余天：《二十年來最暢銷台語老歌精選集 3‧三聲無奈》（臺北：麗歌唱片，2000 年版）。

$|\overline{6\,\dot{1}}\,\overline{6\,5}\,3\quad\overline{3\,5}|6\quad3\quad\overline{6\,\dot{1}}\,\overline{2\,1}|6\quad-\quad-\quad-|5\quad\overline{3\,5}\,3\quad2\,|$

舉　頭

$|3\quad-\quad6\quad\overline{5\,6}\,5\,\,3\quad-\quad-\quad\overline{1\,6}|1\quad-\quad3\quad\overline{\underline{2\,3}\,2\,1}\,\,6\quad-\quad-\quad\underline{0\,3}|$

看　天　星，　　哎呦心　酸悲。　　　　害

$|3\quad3\quad\overline{2\,3}\,\overline{2\,1}|6\quad3\quad3\quad\overline{6\,1}|2\cdot\quad\overline{3\,2}\,\overline{3\,2}\,1\,6\,|6\quad-\quad-\quad-|$

阮　暝日目　屎滴　海　呦阿喂，

【譜例五-27】〈青蚵嫂〉江蕙版〔註78〕

$|\overline{6\,6}\,\overline{1\,2}\,3\cdot\quad2\,|\overline{1\,6}\,\overline{1\,2}\,3\quad-\,|\overline{5\,3}\,\overline{5\,6}\,6\cdot\quad2|\overline{1\,6}\,5\,\overline{3\,5\,6}\quad-$

別人的阿君　是　穿西米諾，　　阮的阿君仔喂　是　賣　青　蚵。

$|\overline{6\,6}\,\overline{1\,2}\,3\cdot\quad2\,|\overline{1\,6}\,\overline{1\,2}\,3\quad-\,|\overline{5\,3}\,\overline{5\,6}\,6\cdot\quad2|\overline{1\,6}\,5\,\overline{3\,5\,6}\quad-$

人人叫阮　是　青蚵　仔嫂，　　要呷青蚵喂　是　免　驚　無。

【譜例五-28】〈青蚵嫂〉羅大佑版〔註79〕

$|\overline{6\,6\cdot}\quad6\quad\overline{1\,2}\,\overline{3\,3}\,\overline{3\,2\,3}\,3\cdot\quad2\,|\,1\quad6\quad\overline{1\,2}\,5\quad-\quad|$

別人　　的　阿　君　是穿　　西米諾，

$|\overline{5\cdot3}\quad\overline{3\,5}\,\overline{6\,1}\,1\,6\cdot\quad\overline{6\cdot1}\quad1\,|\overline{1\,6}\quad\overline{5}\quad\overline{3\,5}\,6\quad-\quad|$

阮的　阿君喂　　是賣　青　蚵。

表五-1　〈三聲無奈〉與〈生蚵仔嫂〉音樂分析表

曲　名	唱者	調式	拍號	曲式	歌　曲　分　析
〈三聲無奈〉	鄧麗君	Cm	2/4	三段式	鄧麗君將「一時貪著阿君仔美」的無奈，以戲曲「哭調」演繹，繁複轉音、下滑音及顫音，強化哀傷效果，心底無奈之悲意，與歌詞之聲情意境相合。
〈三聲無奈〉	余天	Em	2/4→4/4→2/4	三段式	余天演唱時增加許多音符，如，以打破原有節奏平衡的三連音唱「喃」、「應」、「思」等字。〔註80〕第三遍時轉為恰恰曲風，風格及情緒由激動轉為輕快。

〔註78〕江蕙：《臺灣民謠4──母子鳥》（臺北：田園唱片，2003年）。

〔註79〕羅大佑：《家·青蚵嫂》（臺北：滾石唱片，1984年10月18日）。

〔註80〕一般節奏乃以全、二、四、八、十六分音符為基本，三連音為三個音符連成一組，能有情緒激動之聲情效果。

〈青蚵嫂〉	江蕙	D	4/4	三段式	此為流行歌曲式的唱法，旋律輕快，沒有繁複之轉音，亦無哭腔，且三段唱法皆相同。
〈青蚵嫂〉	羅大佑	E	4/4	三段式	羅大佑刻意將拍子拉寬，使得歌詞往前挪動，造成後面更大的演繹空間，拉長音後讓歌曲產生緩慢、愁悶之音樂形象。

＊表格為自行設計。

〈三聲無奈〉流傳中，其基本曲調並未改變，改變的是歌詞內容，這與〈茉莉花〉狀況不同，中國大陸流傳的〈茉莉花〉因地方語言或音樂風格差異大，因此曲調在流傳改變後，歌詞也改變。臺灣因地區差異不大，〈三聲無奈〉的基本曲調皆同，而歌詞為何會有如此大的差別，則是因表現的素材與內容不同，所以標題因內容不同也有改變。

　　本節將探討相同歌曲不同歌手的詮釋情況，這類歌曲之例子不少，茲就節奏速度、唱腔輕重、添字加花三方面進行觀察分析。

一、速度變化之情境比較

　　〈站在高崗上〉於五〇年代因電影《阿里山之鶯》成為流行歌曲，它的起音為〔Mi〕，終止音為〔La〕，為標準小調歌曲，張惠妹於九〇年末重唱，兩位歌手的詮釋，最大不同處在於速度快慢，茲以表格簡要比較二者版本：

表五-2　〈站在高崗上〉姚莉、楊光版與張惠妹版本分析表

分析項目	姚莉、楊光版	張惠妹版
出版時間	1957 年《阿里山之鶯》電影插曲	1997 年《妹力四射》經典重唱
演唱方式	男女對唱	獨唱
調　　式	Am	♭B
拍　　號	2/4	4/4
速　　度	♩=92（中板）	♩=136（快板）
聲情意境	自然淳樸	高亢熱情

姚、張兩版無論就演唱方式、節拍、速度及意境皆有差異，以下就表之項目進行二者於演唱時，詞曲關係於歌曲聲情意境的分析：

【譜例五-29】〈站在高崗上〉姚莉、楊光版〔註81〕

站在高崗上
唱 姚莉 楊光

1=A 2/4

詞 司徒明 曲 姚敏
上海百代唱片 1957年

連綿的青山　百里長呀，巍巍聳起像　屏障　呀
連綿的青山　百里長呀，郎在崗上等　紅妝　呀

喂。
喂。　　　　　　　青青的山嶺　穿雲霄呀，
　　　　　　　　　青青的山嶺　穿雲霄呀，

白雲片片天　蒼蒼　呀喂。
站著一個有　情郎　呀喂。

我　站在高崗　上　遠處望，　那

一片綠波海　茫茫。

你　站在高崗　上　向　下　望，　是

誰在對你聲　聲　唱。

連綿的青山　百里長呀，郎情妹意配　成雙　呀

喂。　　　　　　　青青的山嶺　穿雲霄呀，

我倆相愛在高　崗，　在高　崗。

　　先以整首曲調而言，第一句的旋律節奏較緊，「連綿的青山」歌詞具堆疊感，旋律上亦爲堆疊，詞曲相合。副歌處拉寬，「我站在高崗上遠處望」節奏拉寬，帶有遼闊感。以譜例所示歌詞，起頭皆由連綿的青山開始，景物是遠山，之後的片片白雲亦爲遠景，第一節音階由低往上行，上到「百里長」

〔註81〕 姚莉：《阿里山之鶯電影原聲帶‧站在高崗上》（香港：百代唱片，1957年）。

接著下行，之後依舊上、下行進，至副歌「我站在高崗上向遠處望」視覺拉近後，立刻見著遠處下方「一片綠波海茫茫」，音階跟隨下行，旋律與詞意於聽覺感受相搭。

姚莉版本為♩=92 的輕快速度，旋律如詞歌詞連綿的青山高低起伏明顯，但因其音型平緩，情緒表現和緩，節奏平穩呈現，為寬鬆之唱法，「呀喂」這襯字般的虛字，如情侶在高崗唱著山歌彼此回應，也因對唱，強化民間歌曲味道的氣息。

同一首歌，旋律、歌詞內容不變，以♩=176 速度演唱的張惠妹版，郎情妹意的質樸情感成為重節奏的原住民舞曲，音型強烈外，音調也由 A 升高至♭B，升高線條變大，情緒感受隨之增大，整首歌最高音位於尾音，張版唱得嘹亮、粗獷，與原來姚版之情緒表達有著深、淺，濃、淡之別。

張惠妹的〈站在高崗上〉，在歌曲前奏加入空山鳥語，聽者感受山林寂靜，自然淳樸，增入的民歌引子，她以高音域喊出山歌特性。襯詞「呀喂」之處理，與歌詞分離，短暫停頓後唱出首句，能經驗歌曲自然淳樸之聲情。結尾再度使用「呀喂」襯字，情感處理奔放、火熱，與姚莉版之結尾相當不同，以下分析：

張版結尾：

【譜例五-30】〈站在高崗上〉 〔註82〕**張惠妹版**

| 1 7 6 - | i̱ i̱ 7̱ 7̱ 6 - | i 7 6 - | 6 - 3̇ - ‖
　啦　答　答，　　啦答啦答答，　　　啦　答　答，　　　哈

張版結尾並不在「在高崗」，而是繼續哼唱的「啦答答，啦答啦答答」，每個音皆唱重與緊密，「哈」的連音跳了五度，與姚版結尾合唱「我倆相愛在高崗」的質樸情感強烈許多，張版於曲意潤飾詞意之效果，較姚莉版誇張許多。

另，張惠妹版本的「呀喂」可當成迴聲，她改變一些音型，後句唱高，情緒較姚莉版強烈之因，乃節奏型態所致。張版前面加了音效，中間部分有些原住民素材，最後一段，結束音符更改，如譜例：

姚版結尾：（僅列譜例不加註）

〔註82〕張惠妹：《妹力四射‧站在高崗上》（臺北：豐華唱片，1997 年 12 月）。

【譜例五-31】〈站在高崗上〉姚莉、楊光版結尾

```
| 3   -   | 3   -   | 1  1 2 3 6 | 5 6 5 3 2  6 |
  喂。                青 青的山 嶺  穿 雲 霄呀，
| 1 2 3 5 6  2 | i   -   | i   7 | 6   -   |
  我倆相愛在 高      崗，     在   高   崗。
```

張版結尾：（僅列譜例不加註）

【譜例五-32】〈站在高崗上〉張惠妹版結尾

```
| 2 i  6 6  0 | 1 1  2 3  6 | 5 6 5 3 2 6 | 1 2 3 5 6   2 |
  呀哎 耶     青青 的山 嶺 穿 雲 霄呀， 我倆相愛在 高
| i  - 2  - | 2  - - 0 | i  - - - | 7 - 6 - |
  崗，          在      高
| 3  - - - | 3  - - - | 3  - - - | 3  0 0 0 ‖
  崗，（以下略）
```

姚版尾聲的在〔i 7 6〕，張版改了音符，唱得高亢一些。

張版演唱，有處可討論之現象：（僅列譜例不加註）

【譜例五-33】〈站在高崗上〉張惠妹版

```
| 6 5 3  - 1 | 2  - - - | 0 0 0 0 | 2  - - 2 3 |
  海    茫 茫。              你      站在
| 5 5  - 6 | i  2 2 i | i 6 - 6 | 5 i  1 6 6 |
  高 崗 上 向 下 望，     是 誰 在 對 你
```

此句的「上」字唱得過重，以至「向下望」之「向」反而沒有力量，「上」字在此並不重要，不該重唱，應收一點。另外，譜例未呈現之第二遍演唱，張惠妹將節拍往前移一些，這是許多歌手演唱的習慣，如先前羅大佑〈青蚵嫂〉，蕭敬騰〈新不了情〉，效果是前面一拍的拍子縮短，造成類似弱拍延續至下個強拍的切分音效果，切分音能攜帶強弱關係倒置的動力，為不錯的演唱技巧，若使用浮濫反而不恰當，這是不同速度及節奏上不同情境的兩種詮釋。

二、唱腔輕重之詮釋，以連音為例

我們可以使用不同的方法分析歌曲情境，拆解每一樂句，使之剝離，再

討論詞曲之間的關係，或由不同歌者詮釋同一個樂段的某個音樂成分加以探討，若由演唱者演繹方式著手，則有幾個內容：一為能否表達穩定聲音狀態，及完整樂思的歌者音色。二為旋律流動（樂句線條）的連貫。三為音域空間寬闊的展現，〔註83〕如〈站在高崗上〉演唱音域不同，空間呈現也就不同。音色必須實際聆聽，閱讀歌譜無法說明歌手音色與詞曲間的連結，樂句線條之連貫乃指聲音線條，也就是連音，這在譜例上，為可進行討論與分析之材料。

　　一首歌曲的連音效果，能感性亦能飽含婉約之美，聽覺藝術感受能增強，明萬曆曲家沈寵綏《曲度須知》說：

　　　　聲則平上去入之婉協，字則頭腹尾音之畢勻，功深鎔琢，氣無
　　煙火，啟口輕圓，收音純細。〔註84〕

這是崑曲〈山水磨調〉唱功的特質，是唱法上的風格，連音的唱法就頗能符合這樣的特質，鄧麗君是這種連音唱法中自然的歌手，如其傳唱至今的〈甜蜜蜜〉便是一例。國立臺灣歷史博物館典藏鄧麗君一九七九年發行的《難忘的一天》專輯，收錄了〈甜蜜蜜〉，臺史博研究人員黃裕元指出，原曲唱的只是漁夫彼此的閒話、吆喝，經著名詞人莊奴填寫俏皮甜蜜的中文歌詞，再由鄧麗君輕柔嗓音的魔法詮釋，紅遍世界各地，〔註85〕以下譜例說明：

【譜例五-34】〈甜蜜蜜〉鄧麗君〔註86〕

甜蜜蜜

唱 鄧麗君

詞 莊奴 曲 印尼民謠
歌林唱片 **1979**年**9**月**20**日

$1=D\frac{4}{4}$

‖: 3 - 5 6 | 3 - - 1 | 2. 2 2 5 | 3 - - 0 | 2 2 2 3 |

甜　　蜜　　蜜，　　你　笑　得甜　蜜　蜜。　　好　像　花　兒
在　　哪　　裡，　　在　哪　裡見　過　你。　　你　的　笑　容

〔註83〕陳建志：《毒舌教練的臺灣流行音樂講座》（臺北：左岸文化出版，2011 年 9 月），頁 117。

〔註84〕〔明〕沈寵綏：《度曲須知・曲韻隆衰》上卷，《中國古典戲曲論著集成》第五集（北京：中國戲劇出版社，1959 年），頁 198。

〔註85〕周美惠：《聯合新聞網・你知道嗎？鄧麗君甜蜜蜜原是印尼船歌》（臺北：聯合新聞網，二〇一五年十二月十九日）。

〔註86〕鄧麗君：《難忘的一天・甜蜜蜜》（臺北：歌林唱片公司，1979 年 9 月）。

```
|1.                                                      |2.
|2̲1̲ 1  6̲ 5̲ ‖ 1  -  - 2 | 3· 2̲3̲ 5 | 2  -  -  -  | 2  -  -  0 :‖
  開 在 春 風   裡，      開 在 春 風   裡。
  這 樣 熟

                                                    Coda
|1  -  - 3 | 2̲1̲ 1  6̲ 5̲ | 1  -  -  - | 1  -  - 0 | 3  -  -  - |
  悉，     我 一 時 想 不 起，              啊...
```

〈甜蜜蜜〉由歌詞上總括而言，是柔和、甜蜜感濃厚之作品，曲調上亦是以輕快、流暢方式表達歌詞意境，比如歌詞中之「甜蜜蜜，你笑得甜蜜蜜，好像花兒開在春風裡，開在春風裡。」由歌譜觀之，第一段的音符落差不大，旋律起伏亦平穩，節奏並沒有加重後的斷開情緒，而是以稍寬之節奏將和緩情感襯托出來，中間用了四個連音，一路順暢地唱出甜蜜情緒。

第二遍的「在哪裡？在哪裡見過你？你的笑容這樣熟悉，我一時想不起。啊！在夢裡」和第一遍一樣的節奏、旋律，僅最後一句改了音符，但並未改變曲調風格。其速度和緩、節奏輕柔，也因多了一些鄰近音符，讓旋律線條因此流暢。本曲就原曲寫法而言並無問題，鄧麗君詮釋時亦是輕快、溫馨、柔和的再創作，圓滑輕柔唱法和歌詞意境相近，連音唱法讓這首歌一路甜到底。此首曲調的圓滑輕快與歌詞是相熨貼的，而同樣旋律，周華健的版本有另一種情境：

【譜例五-35】〈甜蜜蜜〉周華健〔註87〕

```
                           甜蜜蜜
                         唱 周華健
1=Eb 2/4                           詞 莊奴 曲 印尼蘇門答臘民謠
                                   滾石唱片 2011年5月

| 3   5̲ 6̲  3· | 1  2̲· 1̲2̲ 35̲ | 3   -   | 2̲ 2̲ 2̲ 2̲ |
  甜   蜜   蜜，  你 笑 得 甜 蜜 蜜    好 像 花 兒

| 2̲1̲1̲ 6̲5̲5̲ | 1· | 2 | 3· 2̲ 3̲2̲3̲ | 2   -   | 2   -   :‖
  開 在 春 風 裡   開 在 春 風 裡
```

周華健也有連音的唱法，而且比鄧麗君多，但此版本也因相當多的八分音符及十六分音符，出現切分效果，而讓唱詞有中斷或不連續感。「花兒」一詞在

〔註87〕周華健：《花旦‧甜蜜蜜》（臺北：滾石唱片，2011年5月）。

譜上為連音，但周版快速滑過去，「兒」字突然停頓，連音有斷開的感受，鄧版的「花兒」並沒有連音，但因為第二句為弱拍起音，句子開頭因此唱得輕柔，樂句與樂句間的分隔並不明顯，而且樂句結束不用休止符，樂句間並沒有明顯的斷開，詮釋時柔和度因此增多，也恰到好處。

　　周華健中間「是你，是你，夢見的就是你」，末字「你」拉長尾音，唱法與鄧麗君唱完隨三個伴奏音反複唱回「在哪裡」不同，情緒的切割與保持是兩者在詮釋上的另一種差異，如周版譜例：

【譜例五-36】〈甜蜜蜜〉周華健

茲將鄧與周不同詮釋面簡易比較之：

　　鄧：輕快的、溫馨的、柔和的，流暢的，有甜蜜感，和歌詞意境相像。

　　周：其節奏重音處多，每一小節的第一拍均重唱，那種輕快的、溫馨的、柔和的氛圍較不易感受來，這和每句後面加重而產生斷開分裂的情形有關，又因節奏重音過多，聽覺上容易沉重，形成不流暢。

　　〈甜蜜蜜〉原曲的寫法沒有問題，周的詮釋也僅為未抓到原本甜蜜的味道的，或許可能刻意要和原唱不同的動機，這部分得從聽眾喜不喜歡而論定。其實翻唱的重新詮釋很多都是失敗的，重唱的詮釋空間可以很廣，因為基本架構一樣，歌者再創作的發揮也大。不過有時歌者之所以會改變歌曲的詮釋，是為了更能合乎曲意，若依曲譜規矩的唱，可能會覺得不滿意，歌者或許發現中間有不合之處，這常見的情況，歌手多半會加上滑音，加裝飾音、調整速度、增減字，這些雖然還是詮釋的問題，但卻更進一步看出詞曲搭配不合的問題。

三、加花與更動旋律之情境轉變

　　文學與音樂在涵意的表達是不同的，文學以文字做為表達符號，是具體展現，能讓讀者看得懂，就算文章寫得隱晦不清，也能讓讀者看懂幾成的涵意；音樂是不易理解且抽象，尤其演奏及演唱上是兩個不同的內容。旋律的詮釋從節奏的快慢、演唱奏者的加花與樸實，都可能因歌曲風格不同讓其中

的彈性更大。不論古今，音樂與文學最大的脫鉤，在於詞牌曲調與歌詞是可以分離的，因此每次的演唱奏，皆爲再創作，但並非每次的再創作，均能超越原曲或原唱，只有大眾接不受的結果。某些歌曲原本的詞曲意境已相當熨貼吻合，再創作之後反倒鑿痕過多，失去腔情，周濟《介存齋論詞雜著》說過這段話：

> 王嬙、西施，天下美婦人也。嚴妝佳，淡妝亦佳，粗服亂頭，
> 不掩國色。飛卿，嚴妝 也；端己，淡妝也；後主則粗服亂頭矣。

〔註88〕

刻意雕琢裝飾過多的歌曲偶爾能聽見歌者技巧的運用，用得好能以腔帶情，浮濫則失去美感體會。

　　流行音樂至九○年代末，開始流行西方節奏藍調，俗稱的 R&B（Rhythm and blues），它是由美國黑人社會崛起的流行音樂文化，象徵的是美國文化大熔爐，〔註89〕臺灣之後的 R&B 歌曲數量增多，演唱時經常以添加音符增加追求風格的唱法，最常出現於重唱的再創作歌曲中，如陶喆將〈望春風〉的曲風以國語歌詞唱成 R&B 風格，當年熱鬧一時。這樣將原曲調攤破數句，幾乎以增字、添加音符的方式演唱，〔註90〕R&B 則是添加音符最明顯的曲風，以下舉傳唱度高的〈流水年華〉一曲探討。

　　〈流水年華〉原爲日本曲，錄音室正式出版發行的版本眾多，但唱紅此曲的卻是鳳飛飛。〈流水年華〉是首速度稍快，AABA 式歌曲，日文原詞說的是思念遠方伊人，並且表達深愛對方的決心，原曲翻唱下詞人寫的內容是今晚離人要去他鄉，期待再相聚的情境。

【譜例五-37】〈流水年華〉鳳飛飛〔註91〕

流水年華

唱 鳳飛飛

詞 蔣榮伊 曲 常家喜雄
歌林唱片 1984 年 8 月

1=C 4/4

| 1· 1 1 1· | 1 - 5 6 1 | 2· 2 2 1 6 | 5 - - - |

朦　朧的街　燈，靜　靜　躺　在　小　雨　中，
年　華似水　流，轉　眼　又　是　春　風　柔，

〔註88〕〔清〕周濟：《介存齋論詞雜著》（北京：人民文學，1959 年），頁 7。
〔註89〕曾大衛：〈近代流行音樂的多元文化體現〉，《藝術欣賞期刊》六十七期（第 11 卷第 2 期），2015 年 6 月，頁 44。
〔註90〕同李時銘：《詩歌與音樂論稿》，頁 165。
〔註91〕鳳飛飛：《鳳飛飛之歌‧流水年華》（臺北：歌林唱片，1978 年 4 月 25 日）。

```
| 1·    1 1 1·  | 1  -  1 6·  | 5  -  -  - | 5  -  3  5 |
  往     事又掠    過    我心    頭。          猶  記
  層     層的相    思    也悠    悠。          他  鄉

| 6·    1 1 6·  | 5  -  3 2 1 2 | 3·  3 2 3  2 | 1  -  6  1 |
  離     別的時    候，   緊緊  握    住我的  雙  手。  輕  輕
  風     寒露更    濃，   勸君  早    晚要  保  重。   期  待

| 2·    2 2 1 6 5 | 5·   5 6 1 2 | 1  -  -  - | 1  -  -  - :|
  一     句多珍重，眼   兒也濛    濛。
  他     日再相逢，共   度白    首。
```

（譜中標示：第三行第二小節上方有「2. ⊕ Coda」記號）

第一到四節「街燈」「靜靜躺在小雨中」，旋律平穩，以〔1〕起音至〔5〕，音階由上至下，第五節同第一節相同旋律，之後音階上行，「往事又掠過心頭」的情緒跟著上揚，AA 段落重複後進入副歌，原曲調將它寫得較淡，與詞意協調。鳳飛飛在「頭」、「悠」兩個韻字相同的字將旋律轉了一些音符，〔ou〕韻的共鳴置於頭腔，聲線拉長後，起了悠揚及綿延作用，為副歌即將遠行的人鋪陳綿綿思遠道的情境，雖由譜例看不出她的聲腔，但可以讀出起伏中的變化。

　　鳳飛飛將歌曲詮釋得清淡，不過她將「君」字的第一聲唱得低了些，有倒字現象產生，後來同為歌林唱片的劉文正也以同樣旋律、速度重唱，將「君」改唱為「你」，一般可能會認為是不同性別，因此改以「你」唱之，但本文認為是「君」字唱低一聽就是倒字，因而改唱「你」〔1 2〕的音，反而解決倒字情形，也處裡可能的性別問題。

　　這裡要提出一個觀點，鳳飛飛演唱時多添了音符，情緒的感受是上揚的，若旋律以此模式進行，聽者只要聽到第四小節就能知道歌曲要呼應的是何種情感的傳遞，這是她添字加花後不錯的詮釋。另一添字譜例為庾澄慶的版本：

【譜例五-38】〈流水年華〉庾澄慶〔註92〕

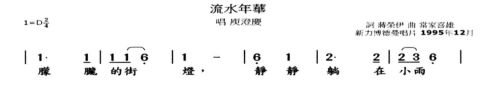

```
流水年華
唱 庾澄慶
1=D 2/4                           詞 蔣榮伊 曲 常家喜雄
                                  新力博德曼唱片 1995年12月

| 1·   1 | 1 1 6 | 1  -  | 6  1 | 2·   2 | 2 3 6 |
  朦     朧 的街   燈，     靜  靜   躺    在 小雨
```

〔註92〕庾澄慶：《哈林夜總會‧流水年華》（臺北：新力博德曼，1995 年 12 月）。

中，　　　　往事　又掠　過　我心

頭。　　　　　猶記　離別　的時

候，　　　　緊緊　握　住我的　雙手。

輕輕　一　句多珍重，　眼兒也朦　朧

年華　似水　流，　轉眼　又是　春風　柔，

層　層的相　思　也悠　悠。

他鄉　風　寒露更　濃，　勸君

早　晚要保　重。　期待　他　日再　相逢，

共　度白首。　　　　　　今宵

微寒　路上行人匆匆，　朦朧的街燈孤立在　雨中。

遠處傳來　幽　幽的歌聲，　句句

顯而易見的庾澄慶做了幾處變動：

1、「小雨」的「雨」旋律由〔1〕更動為〔2〕；「我心頭」〔16·5〕更動為〔177－〕。

2、加花處為「頭」（六個音）、「候」（四個音）、「朧」（三個音）。

3、將「濛濛」改成「朦朧」。

庾版以 R&B 風格重新演繹，風格和鳳版截然不同，一來他沒有鳳版唱得輕快，在速度沒有變化太多之下，他唱的重量卻改變不少；二來頗多的裝飾音，讓歌曲飄盪氣息攀升，聽起曲折婉轉，副歌之後的轉音又較先前來得多，對於原本曲輕詞淡的歌，庾版演唱時就比鳳版力道多。

歌手詮釋與本文以詞曲關係為核心內容，看似有些距離，但以歌手重新詮釋同一首歌，往往更動詞曲的情況觀之，仍與詞曲形式息息相關。就實際演唱，重唱、翻唱均為再創作，因此演唱者的體會與詮釋應予以考量，如此考量之下，能觀察某些詮釋者讓詞曲意境變得不相合，抑或非常匹配，關鍵在於歌者演唱的處理。如此探討能補足本文於詞曲核心問題中較多的論述視角，以不同版本的實際演唱討論詞曲密合度有多高，如果某首歌（如黃鶯鶯

版〈哭砂〉）絕大多數歌手皆以相近之方式演唱，等於同意這樣的詮釋能達到不錯的意境感受；反之，大眾會在市場決定是否繼續為它傳唱。

第六章　結　論

　　流行歌曲如倫永亮唱的〈歌詞〉:「歌詞將音樂喚醒」,明白揭示它的意義,兩者是相互之關係。詞人或許並不明瞭聽眾的情緒,可是好的歌詞配上和諧的旋律能引發聽眾共鳴,因為流行歌曲除流行,朗朗上口外,還要能觸動人心。當代流行歌曲,留下來的作品不計其數,更多人開始注意歌詞與旋律的關係,這是好的現象,但仍以關注詞人作品為多,著名詞人因媒體曝光提高,成為各家唱片力邀填詞的對象。這裡有個現象值得一說,國語流行歌曲市場的詞類作家,經常被某些歌手瓜分,如林夕與王菲、林夕與陳奕迅、姚若龍與梁靜茹、陳鎮川與張惠妹、方文山與周杰倫等,大眾不時聽見相似詞影於不同歌曲間流盪,或許這說明詞人無論填什麼曲調,詞意僅於某些情境翻滾,才有歌詞語境似曾相識之感。

　　不可否認流行歌曲為商業產品,創作者的發揮,亦會受市場化及唱片銷售策略之限制,且每位作者素養不同,作品參差不齊可想而知。各年代皆有優秀之作,能被選擇流傳至今,則有其價值。作為流行歌曲觀察者,回頭咀嚼《詩經》所言,真正傳唱的歌曲,確實要情動於中,並且詞曲相合,如此,能讓大眾在另一個時代將音樂喚醒。

　　流行歌曲為庶民音樂,不僅迎合大眾,更得引領風潮,於通俗藝術起帶領作用,在不斷變化的過程,越顯現它的豐富性,經常成為某個時期的音樂趨勢,有時甚至能看出社會氛圍的脈動。本文為詞曲關係研究,由最初觀察,經過蒐集、選材、聆聽與分析後,無論就旋律或歌詞,某些理論乃由作品歸納而得,如四、五○年代歌曲創作者認為,AABA 式歌曲穩定且整齊規律,其後學者亦隨之,同類型風格之作產量增多,獨領風騷的機會愈高,如同中國韻文發展,一代有一代的聲音。

　　至於分析的作品，皆以流行歌曲為主軸，由各章節探討內容可知，流行歌曲雖受西洋音樂風格影響，以討論近七十年，一百多首歌曲的現象觀察，歸納兩種發展趨勢，一是創新風格，一是承襲傳統，兩者偶然又能在同一首歌共同展現，如，嘻哈風格包裹古典韻文，抑或搖滾節奏內含中國戲曲，雜揉之餘更為豐富熱鬧。這些來自或創新或承繼傳統的歌曲，寫作源頭並沒有固定理論，正如《詩經》「在心為志，發言為詩，情動於中而形言，言之不足，故嗟嘆之。」〔註1〕之後因不足便詠之、舞之，就歌唱的心理角度，為極自然之事，那些「蒹葭蒼蒼，白露為霜，所謂伊人，在水一方。」〔註2〕沒有規定需要字數，便自然唱出四言詩，沒有格律卻處處押韻，古代聽這些詩歌，應覺這是首和諧的歌，以至長久流傳民間，收錄於總集。以創作起點論，當時的作者並沒有自覺，應運用何種理論進行創作，只因歌曲有幾處動聽因素，多數人喜愛並接受，逐漸形成規則，於是廣為流傳，再經由時代推進與歸納，成為格律。

　　流行歌曲創作者，不能排除作者們太顧慮格律的問題，但歌曲若耐聽，多數大眾接受，其形式日久經模仿，跟進之風陸續吹起，會是另一波浪潮席捲。因此，不一定每首歌皆得服從我們所知道的理論，聽眾多半在乎歌曲動聽、耐聽與否選擇繼續傳唱，一旦接受之人為數眾多，成為歌曲典範機會亦增加。

　　探討詞曲關係，歸納觀察現象前，於選材及歌曲分析後，發現流行歌曲對於古代韻文，或傳統戲曲理論的規則，依舊有部分延續，如，受歡迎的歌曲多半押韻，無論整齊或變格押韻，皆能見其承襲與創新之面向。本章分別以對流行歌曲的考察、歌曲和諧動聽與否之因，以及未來可行的發展之路，三方面做結論。

一、流行歌曲之考察

　　對歌曲分期，本研究以一九四九年至二〇一七年為考察階段，三、四〇年代以上海為基地，唱進華語各地，尤其是香港與臺灣，如，〈夜來香〉、〈月圓花好〉這些旋律簡單，詞意質樸的歌曲，一路唱至時代劇變。五、六〇年代，臺灣群星會帶來第一波芳華時代，〈南屏晚鐘〉、〈今宵多珍重〉、〈不了

〔註1〕〔漢〕毛亨撰，〔漢〕鄭玄箋，〔唐〕孔穎達等正義：《毛詩注疏》（臺北：藝文印書館，1981年），頁12。

〔註2〕同毛亨註，頁12。

情〉等作品，半數皆上海餘韻；劉家昌的創作，於七〇年代一枝獨秀，大眾對其多元風格的歌曲接受度高，一首〈梅花〉由慢板唱成進行曲，詞曲未變，意境截然不同，亦流傳甚久。其創作之情歌，造就鳳飛飛、鄧麗君、劉文正、尤雅、甄妮之地位，後進翻作重唱其作品眾多，爲七〇年代開創新頁，其餘發展階段，已於第一章已探討，此處不再贅述。

第一章提出研究目的，在探究詞、曲關係，論及流行歌曲倒字現象時，提出兩者相合或衝突情況有哪些？如何解決。茲就研究目的及結果進行考察與說明。

（一）倒字現象之考察

倒字爲詞曲關係中，最易察覺其衝突的現象，主因在於兩者不相讓（衝突）的結果，若演唱者亦無意識，跟隨詞曲創作演唱，勢必產生誤聽，故，倒字實爲詞、曲、唱三者所引致，其主要衝突可歸納如下：

表六-1 引致倒字之因與對應解決方法

引致倒字之因	解決方法
旋律與聲調不合（平仄不協調）	更動詞曲
下行音階	改譜（增刪音符）
高平調位於高音處	高平低唱、換字就腔
演唱風格（重唱、咬字）	軟唱、字正腔圓、拉長音符

＊資料說明：表格爲倒字現象考察之結果。

此外，關於倒字的另一個考察結果是，倒字現象普遍存在於歌曲之中。避免倒字在戲曲演唱相當受重視，歌詞要能聽得懂，並且沒有忽視旋律，就必須做到詞曲相合。流行歌壇對倒字情形，並沒有太多意識及要求，即便全創作型歌手羅大佑、李宗盛、周杰倫或五月天四位不同時期的歌手，歌曲因倒字引致聽錯的情況未曾減少，這說明流行樂壇並不講究詞曲咬合一事，偶有作品留意咬合，卻又忘記與旋律共構。

臺灣爲華語流行歌曲中心，詞曲創作於市場幾乎分工生產，根據業界說法，目前歌曲創作方式大多先有旋律，之後再進行填詞作業。先有旋律後有詞，則要設計以何種詞句、韻腳嵌入旋律的線條；先有詞後有曲，則需考量文字的意象要如何唱，李宗盛卓越之處，在於其可以直白之文字，將詞意寫得深刻，並以他作曲的經驗，知曉歌詞容易入歌與否，惟其對聲調於旋律上，

產生彼此不合之例，時有所見。李宗盛爲詞、曲、唱人，若不爲同一人，詞曲互不相讓的情形亦屢見不鮮，倒字由而產生。儘管二○一六年，獨立樂團草東沒有派對，令馬世芳等樂評人，認爲是相當注重咬合，避免倒字演唱的團體，這也是少之又少之例，不過，流行樂壇有如此贊同咬合之樂評聲，實屬難得。

音樂與文學如何密切，若從藝術、情境欣賞析論均爲泛泛之談，最明顯的差異，需由形式論之。倒字就形式論述，直接援引歌曲譜例說明，對引致倒字現象之論點方可明確有據。音樂的方向性與漢語聲調的別義作用，兩者均有其內在規律，流行歌曲的創作，自由度固然高，兩者的配搭確實必要，填詞譜曲若考量聲調，或詞、曲創作者互相謙讓，易引起誤聽結果之倒字可相對降低。

（二）押韻現象之考察

歌曲押韻之探討觀點爲：視流行歌曲爲韻文形式，既是韻文，歌曲押韻現象則必須討論，且爲詞、曲共同分析，採取現代標準國音《中華新韻》之韻書爲底，分析當代國語流行歌曲押韻現象，藉詞曲於歌曲押韻狀況，判斷兩者和諧與否。流行歌曲押韻無固定方式，研究爲求合乎韻文形式，將歌曲押韻判斷原則設計爲：歌詞需於調式主音屬音、下屬音樂句結束處位置押韻，若不符合於此，則爲不押韻，並以歌曲分析表觀察其合韻情況，如此探討流行歌曲於韻文上之意義。

由整齊押韻、換韻及其他變格押韻分析後，探討流行歌曲押韻現象，其考察有兩點成果：

1、流行歌曲創作者對歌詞押韻爲有意識的

本研究以押韻爲主，所舉譜例超過百首，多爲暢銷或大眾喜愛之曲，若僅依此數據說明流行歌曲押韻現象，肯定有失精確，若以歌曲不押韻乃做不到之角度探討，情況將穩妥些。四、五○年代，歌詞句式安排有許多三、四段形式，通常第一（或二）段句式、字數、押韻均相同，第二（或三）段副歌處會出現高潮轉折，末段又回到第一（或二）段模式，俗稱 ABA 或 AABA 形式，如〈岷江夜曲〉（一九四六）、〈南屏晚鐘〉（一九五九）用韻方式如唐詩偶數句押韻，此時期，作詞人對韻腳使用，意識明顯，且多一韻到底、用韻整齊。

六、七○年代類似歌曲亦能偶見，如劉家昌〈梅蘭梅蘭我愛你〉（一九

七一），但通押情形已現。八〇年代，歌曲韻腳通押及混押情況數量增加，如，〔i〕、〔y〕韻、〔ou〕〔o〕韻，創作者皆視爲同韻之歌曲，時有所見，雖無法確定由哪位創作者開始這般使用，至少於七、八〇年代，劉家昌時期已常見於歌曲中。

　　值得留意的是，八〇後期的換韻歌曲，較之四〇至七〇年代作品多，這些作品除換韻外，亦同時轉調，由第三章段落換韻及換片換韻分析表得以觀之，原因可由兩個面向解釋：

　　（1）四〇至七〇年代歌曲儘管有段落，但韻腳變化不多，用韻相當保守，八〇後歌曲篇幅變長，敘事與批判型詞風盛行，段落也較過去多，爲不顯單調，有意識之詞人常於段落處換韻，增加韻腳變化。

　　（2）在能見度高的創作人影響下，用韻方式逐漸多元。八〇年代羅大佑、李宗盛、林夕，與九〇年中後期方文山等人，他們的創作在詞曲配合自覺性（如羅、李、林、方）、演唱靈敏度（羅、李）、聽眾接受度（羅、李、林、方）三方面皆具指標，且作品量大，後輩因循習之，進而換韻之作漸繁，這幾位作家運用押韻的多元性，影響之後的創作者。倘若後輩因此具有押韻先備知識，開始對詞曲相合的意識有高度敏銳性，創作更爲講究的流行歌曲，比例將爲之增多。

　　故，歌曲應押韻是流行音樂人之共識，至今並沒有人大力主張歌詞不該押韻，儘管新詩主張不需押韻，但寫連連看新詩之作家夏宇（李格弟），創作流行歌曲〈Play 我呸〉（李格弟／倪子岡／蔡依林／華納唱片／二〇一四），〔註3〕仍處處押韻。

2、寬押與嚴謹押韻消長關係同時發展，但嚴謹者居多

　　綜觀華人地區流行歌曲，歌曲押韻已爲常態，是否間接體現歌詞不能不押韻，但，流行歌曲是否可以不押韻？目前詞產量最高的香港詞人林夕，其詞作超過三千首歌曲、新加坡新銳詞人小寒、中國詞、曲、唱歌手李榮浩，作品無一不押韻，姑且不論上述創作人與演唱者，是否認爲歌詞爲音樂的一部分，藉由各時期觀察可以發現，有些歌曲曲調雖不整齊，配上歌詞後並不突兀，說明

〔註3〕夏宇，1956 年生，除新詩外，以童大龍、李格弟等筆名創作流行歌詞，著名詞作如〈我很醜可是我很溫柔〉、〈告別〉、〈城市英雄〉，其〈Play 我呸〉一詞，入圍二十六屆（二〇一五年）最佳年度歌曲，歌詞除第二段落，皆押〔e〕韻。夏宇資料參閱，白靈主編：《新詩 20 家》（臺北：九歌出版社，1998 年 3 月31 日），頁 182。

流行音樂創作者並不嚴格按樂理填詞譜曲，大半覺得順耳上口即可。

因此，歌詞是可以不押韻的，然，這又和韻律美感效果、流行度有關，多數創作人及歌手皆希望歌曲能為一般聽眾接受，如同《詩經》為中國最古之詩歌總集，由歷史面觀之，詩歌來自民間傳唱歌謠，之所以能傳唱，旋律重複性與追求合韻為關鍵，不押韻的歌通常不易傳唱；再則，回復性的韻律於疊唱中，具一唱三嘆的美感效果。

二〇〇〇年後，押韻嚴謹之作為眾數，刻意不押韻者鮮少，憑《飛行器的執行週期》專輯入圍六項二十八屆（二〇一七）金曲獎的大陸歌手郭頂，其〈淒美地〉入圍最佳詞、曲，歌曲除第一段三個押〔ei〕之韻腳字外，並明顯押韻，但專輯其他歌曲皆注重押韻，〔註4〕意味流行歌曲押韻現象，發展趨勢樣貌多變，可是留意韻腳作用的歌曲仍為大宗，嚴謹者仍居多。

（三）歌曲聲情意境之考察

關於歌曲聲情意境，觀察後有兩個研究結果：

1、流行歌曲的意境，鮮少出現詞曲不合之現象

民間歌謠、校園歌曲、情歌主題、搖滾風格等，詞曲意境舉凡慢、柔、快、重，多數皆符合詞曲要求，原因有二：

（1）因應市場需求

國語流行歌曲的對象為一般大眾，市場反應具有歌曲走向的決定權，本文歌曲選擇範圍由一九四九年至二〇一七年，曲風詞意會隨時代變化而盛行，這與當時流行趨勢相關。以四〇末六〇初為例，上海歌曲延續至臺灣，〈月圓花好〉（一九四〇）、〈魂縈舊夢〉（一九四八），重唱無數，帶有上海租界時期，紅男綠女的情愛意境，穿梭至今；七、八〇年代，鄧麗君或柔情或纏綿的歌曲，掀起歌壇小鄧旋風，〈月亮代表我的心〉（一九七七）、〈甜蜜蜜〉（一九七九）、〈小城故事〉（一九七九）、〈你怎麼說〉（一九八一）歷久彌新，因替鄧麗君創作多首名曲之詞、曲作家莊奴、湯尼成為市場炙手可熱之作家，於是流行歌壇出現莊奴、湯尼、鄧麗君詞、曲、唱鐵三角之合作關係，〔註5〕

〔註4〕郭頂，1985 年生，為中國大陸創作歌手，其《飛行器的執行週期》專輯中，歌曲押韻佔多數，〈水星記〉除零星〔i〕韻，皆為〔aŋ〕韻；〈落地之前〉第一、二段〔aŋ〕韻，副歌為〔an〕韻，其他歌曲雖不嚴謹，留意押韻處處可見。入圍專輯出處：郭頂：《飛行器的執行週期》（臺北：環球唱片，2016 年 11 月 29 日）。

〔註5〕流行歌曲於市場賣座後，唱片公司多半會延續相同組合之詞、曲、唱模式推

每逢作品為三人組合，市場反應皆不俗。因應市場需求，唱片公司對歌手出片主題定調後，邀詞曲人依歌手特質，量身創作，詞、曲一定符合專輯主題或歌手定位，如此，詞曲方向一致，意境亦契合。

（2）先有曲後填詞之趨勢

研究實際訪談中確知，流行歌曲創作以先有曲後填詞為主要方式，專輯製作廣發詞人比稿時，皆告知詞人該曲所需要之意境，意即，比稿時，詞人已知方向為何，詞人僅需摸索內容，配合旋律，脫穎者對旋律慢、柔、快、重需填何種意境，或如何跟從製作人指引填詞，多半了然於胸，詞人甚至與歌手溝通，〔註6〕讓歌曲創作能符合意境。因此，先有曲後填詞，在製作統一要求下，收錄之歌曲於意境上，經由各項範圍限制，較難有詞曲不合之例。

2、流行歌曲再創作對詞曲意境的改變，取決於演唱人之詮釋

歌曲重唱為再創作表演型態，流行文化創作者曾大衡〈華語當代流行歌曲與戲曲曲體形式的關聯性〉論文言，流行歌曲二度創作有五種情形，〔註7〕雖與本文單就詞、曲關係研究取向不同，但歌曲再創作能改變原作之風貌，與本文觀點相符。

演唱者對歌詞詮釋的不同，部分來自原詞不足以表達相合之情緒，於加、減字、句後，達到和諧；抑或感受旋律過於空蕩，另添上某個助詞，形成逗號及加強重量之作用，或運用口白重塑情意。然，最容易讓詞曲意境翻轉的

出新歌，若市場再度接受這個組合，賣座鐵三角之名不脛而走。如此組何各時代皆有，如四、五○年代鐵三角，陳蝶衣（詞）、姚敏（曲）、姚莉（唱）；八○年代小軒（詞）、譚健常（曲）、陳淑樺（唱）；九○年代李安修（詞）、陳耀川（曲）、劉德華（唱）；二○○○年後，姚若龍（詞）、陳小霞（曲）、范瑋琪（唱）等。

〔註6〕 李淑娟：〈你把我灌醉──詞曲歌契合的名作〉，收錄於 MÜST 社團法人中華音樂著作權協會（MUSIC COPYRIGHT SOCIETY OF CHINESE TAIPEI），（http://musttaiwanorg.blogspot.tw/），2017 年 6 月 11 日檢索。此為作者訪問詞人姚若龍之報導，文中提及姚若龍如何與歌手兼製作人黃大煒溝通〈你把我灌醉〉之過程，報導指出：「在合作時並沒有給我太多限制，只有提及他不喜歡唱『溫柔』這兩個字，希望我避免。還有他喜歡在第一遍副歌唱完，重新進入第二遍副歌時有新的歌詞，讓情緒有開展或轉折，他覺得不斷反覆主歌同樣的歌詞會顯得無聊，其餘就交給我全權處理。」這是詞人與演唱者、作曲人共同合作之例。

〔註7〕 曾大衡：〈華語當代流行歌曲與戲曲曲體形式的關聯性〉，臺北：國立臺灣藝術大學戲劇學系表演藝術碩士論文，2016 年 1 月，頁 86。該研究所提二度創作之五種情形有：原曲旋律變奏、形式結構轉變、風格轉變、唱奏改變、綜合變奏，針對曲式、編曲、唱法之二度創作論述。

情況爲，原本歡快卻唱得悲傷，或反之，此皆爲極端之例，較多呈現之狀況爲濃淡不宜之再創作，如，有些歌僅淡淡哀愁，歌手唱得難過十分、刻骨銘心，可見，同一種情緒的深淺也影響歌曲意境，演唱者之再創作對詞曲意境之影響可見一斑。

二、流行歌曲和諧動聽與否之因

流行歌曲爲消費型商品，暢銷歌曲讓歌手、創作者皆有更大經濟效益，因此若太過以文學或音樂理論角度論述流行音樂並不合理，多數人傳唱的流行歌曲，有其受歡迎之因。即使無法以古典學理分析流行歌曲，但考察中知悉，凡和諧動聽、傳唱度高的歌曲，皆有遵循規則，分別就三方面說明：

（一）押韻的詞曲相合

本研究討論押韻的詞曲相合能讓歌曲動聽與否，以陶喆〈小鎮姑娘〉歌詞中：「不明白，不明白，爲什麼我不能放得開，捨不得，這個愛，妳是一生一世不會瞭解。」韻腳爲「白」、「開」、「愛」、「解」，其中「解」字，歌者有意識唱成〔ai〕，「解」字古音之韻也押〔ai〕韻，黃梅調《梁祝》其中一個「解」亦如此唱，古音同一個韻部，陶喆在此爲刻意唱。另外，「瞭解」的「解」爲樂句結束音，又位於該句最高音，倘若唱者眞的唱〔e〕韻，「解」字除了引致倒字，韻腳不同，聽覺將失去一段樂句和諧動聽的美感經驗，唱者敏銳於不能選擇唱〔ai〕韻，於創作時一定明白此爲詞曲相合問題，瞭解押韻能讓歌曲接受度增加。

押韻令歌曲韻味有致，原本就出於自然，雖然流行歌曲風格受西洋影響甚重，二〇〇〇年後的創作者，寫詞也盡量沾上韻腳，因此完全不押韻的歌曲亦難見。這可由兩方面闡釋：一是先天的問題：有些創作者的能力不夠，無法做到彼此配合，僅能隨意性地將韻押寬；一是某些作者已有詞曲合一概念，創作時自然地講究，如羅大佑、李宗盛、林夕、方文山。

另一方面，某些作者是聰明的，會想方設法變救，自覺性高的創作人不斷於作品展現這些技巧，後學者跟進模仿，如，將不押韻的地方很快滑過去，或不押韻的詞將它唱軟，避免聽者由聽覺中感受不押韻之情況，讓歌曲變得不和諧，如〈用心良苦〉「落」、「空」、「容」、「手」等字，實際演唱時不考慮鼻音韻尾，將鼻音放輕一點，只強調主要元音，便能產生押韻；再如〈小城故事〉將「括」唱成「闊」音，因此與整首曲合韻，這類情況一旦增加，遂

能成爲技巧，只是，目前譜例鮮少。

（二）運用不同的創作技術

流行歌曲運用技巧使歌曲動聽，其中涉及詞曲部分的有：舊調新詞、犯調、旋律重複、加花等。本文所舉〈茉莉花〉一例，其在各地流傳，音調略變之主因，在於受地方音樂風格影響，但是詞幾乎爲「好一朵美麗的茉莉花」，各地方以自己的音樂風格，使用符合地方之聽歌取向，略微更動舊調演唱，目的爲讓歌曲動聽和諧；〈三聲無奈〉則是歌詞內容改變，以母曲爲本而發展不同的創作，如，速度的快慢及演唱技巧不同、舊調新詞的技巧，皆能讓歌曲呈現新的樣貌。而〈男人KTV〉以兩首歌曲副歌片段，運用犯調方式創造另一首新的暢銷曲。

流行歌曲不斷藉傳統之路創新、重唱、引用，以不同地區演唱、奏的方式展現略爲差異的風格，這樣的再創作新鮮感十足，能讓聽者明白音樂曲調及旋律的詮釋雖然抽象而含糊，但它能變化的自由度也隨之加大。以舊調改編而穿梭於新曲間，得經過時間流變一再傳唱，才能成爲流行歌曲的經典。

另外，在音樂與文學表現，爲了要鞏固印象，重複現象則因不同素材出現而產生變化，在帶有情緒感染力之下一唱三嘆，聲情迴旋不已；適當加花使得原曲圓滑有韻，上述皆爲令歌曲動聽之因。

（三）演唱者對於詞曲的詮釋

大眾對流行歌曲接受度最直接的一種態度，就是悅耳與否，有人會因歌詞寫得如何斷定，有的則在乎旋律，但更多聽者的決定來自演唱者的詮釋。考察流行歌曲詞曲關係時，就研究者角度鑑別一首歌舒服動聽，在於曲調的表達能否與詞意相得益彰，之後再檢視歌者演唱時是否忠於原譜，若唱者忠於原譜，表示這首歌曲詞、曲是相合的；若歌手更動詞曲再創作演唱時，表示該首歌某些詞曲可能不相合，因此更動些許詞曲演唱。如林宥嘉於二〇一七年將〈就在今夜〉變動部分詞、曲，並改變速度，詞曲意境因此相合，原本的離別情緒唱對味後，歌曲也能感心動耳。

某些歌手非常擅於歌曲詮釋，這裡不單僅指情感表達，乃其對詞曲相合具有之意識，假使詞曲於演唱中明顯引致倒字，經驗豐富之歌手能以高音輕唱或多加一個音符，以此救變可能不順耳的樂句；抑或改譜、增一襯字、虛詞，也能促使歌曲悅耳流暢。不過，有些技術假若運用過度，如過多的加花，

致使原本穩定的旋律瞬間多了幾個起伏音符，意境由安定改為飄盪，詞曲關係不協調下，歌曲自然失去先前之穩定狀態。

歌曲能否一聽就為大眾接受，或愈聽愈有味道，就本文主要談的主題而言，詞曲相合依舊是關鍵，詞曲作者彼此配合能避免因倒字產生的誤聽情形，而押韻本身就是能讓歌曲動聽的條件。近年流行歌詞創作有三個現象，一是整首押韻的歌，即使換韻亦整齊十分；二是副歌幾乎押韻；三是大陸、香港、新加坡詞人創作，格外注重押韻，如小寒、林夕等，臺灣因曲風多元，嚴謹與寬鬆各有堅持，但姚若龍、方文山、陳鎮川等人嚴謹得多。某些押韻寬鬆或不押韻卻好聽的歌曲，主要因節奏強烈，以敘事為主題，詞曲關係不需如此緊密，假設該樂句聽起來沒有違和感，某些段落不押韻不見得不好聽，如張震嶽的創作就有類似情況，然而他仍舊以靠近押韻之方式選擇韻字，並不排斥押韻，實際上，就本文通觀流行歌曲發展進程，真正鼓吹歌曲不押韻又能寫出好聽歌曲之人，尚無聽聞。

三、流行歌曲傳統與創新的可行之路

分析歌曲內容，無論就倒字、押韻、詞曲相合、歌曲聲情意境效果，可提供創作者由繼承與創新間取得更寬廣的思考方向，創作歌曲能夠參考傳統韻文之路或樂歌之途，包括聲調、節奏、押韻，意即傳統長期流傳的寫作原則並非沒有道理，流行歌曲可說已有繼承。不過，傳統之路於素材、風格方面與創新者比較，則明顯少了許多，傳統歌曲節奏不太複雜，素材、風格並不多樣，但是運用傳統開創新格的作品已日益增多。本文認為這與臺灣流行歌曲創作自由度高、創作量大與重量級歌手遠比其他地區更多有關，代表性歌手，其歌曲一旦在華語地區流傳，累積眾多聽眾，影響亦無遠弗界。臺灣音樂與中國、新馬各地的合作，碰撞出的效果自然也增加許多，於是中國風自周杰倫跟風四起，臺灣原住民風格也與世界音樂擦出火花，其中既有傳統也不斷有新的音樂崛起。

另一個重要的影響力，則是臺灣金曲獎效應。近十年觀察，金曲獎已成為華語樂壇的指標競賽，能取得桂冠者，形同獲致一枚歌壇地位的認可證，成為代表人物，近期（二〇一三至二〇一七年）中國流行歌曲新勢力在金曲獎獲得多次肯定，尤以二〇一七年，為中國大陸入圍金曲獎項目、人員最多之一

屆，〔註8〕不少與臺灣音樂風格迥異的歌曲於金曲獎如圍名單被聽見。承繼傳統韻文創作的歌手也在此嶄露頭角，如二○一四年金曲新人李榮浩便為其一，其歌曲段落換韻密度高相當少見，年輕創作歌手卻注重詞曲相合的概念，可見作者心中已有意識。其他如草東沒有派對，則是留意詞曲咬合的樂團。這些傳統原則至今用於詞曲創作，如此發展值得鼓勵。

至於詞曲創作與演唱，若要在傳統與創新之間開拓新路，本文則提供以下論點：

（一）注重詞曲咬合及字正腔圓

一首歌的咬合，是讓聽者聽得懂、不會聽錯，這涉及旋律及聲調的相合，創作貴在獨特，卻有基本原則，含糊、懶於使用舌頭，文字被節奏掩飾過去，都可能引致詞曲咬合問題。一首歌儘管做不到完全讓人聽得懂，至少要聽得懂一半，不拘格套就某種層次，其實便是不講究。聲調與旋律能顧及聽者不會聽錯，或明白要求咬字是對歌詞的尊重，歌壇可以試著如此講究。

（二）詞曲押韻的多元，可增加歌曲形式美

在押韻類別探討時，有些作品能做到隔句押韻或兩句一韻，此乃刻意為之，在旋律配合下，這種方式可使歌曲形式的錯落美感增加許多，聽者能意會歌曲的精心與創意，這一點需要教育，創作者人數多、多元押韻作品增加，就有影響力，別出心裁固然令人雀躍，能有藝術的提升未嘗不可喜。

（三）對金曲獎年度歌曲及最佳詞、曲人之給獎建議

金曲獎已舉辦二十八屆，仍將詞、曲分開頒獎，雖已有評審於小房間論及最佳詞、曲不應分開給獎，原因乃歌曲不僅端看文字駕馭，還得考量韻腳，專業填詞人甚至考量好不好唱，因為中文歌曲要唱得好有其困難度，有些字置於字尾並不好唱，這就是填詞功力的展現，如此說法也是將詞、曲、唱必須相合的觀念做為評審規則。

本文認為押韻與音樂的關係無法單獨論述，否則僅論歌詞不如選誰的新詩創作優秀，這將失去詞曲關係之意義。關於金曲獎獎勵辦法針對最佳作詞、作曲人獎項不該分開評審之建議為：取消最佳作詞、作曲人獎，僅頒發最佳

〔註8〕 阿哼：〈論金曲——中國音樂人開始頻繁現身金曲名單所反映的事〉收錄於（臺北：Blow 吹音樂，2017 年 5 月 23 日）。（https://blow.streetvoice.com/33668），2017 年 6 月 11 日檢索。

歌曲獎即可，得獎作品則詞、曲、唱三者共同獲獎。

　　歌曲是將音樂和語言結合起來的藝術，兩者相配得宜能起優美的聽覺感受，創作者若自覺性高，讓詞曲之間彼此相輔，便不至於失去韻文爲文字與結合之意義，此爲無法單獨以詞論韻，需溯至音樂共論之因。

　　各章將流行歌曲在古典韻文及傳統戲曲間存在的關係，以押韻、倒字及意境進行理論結合的探索，目的乃強調流行歌曲爲韻文形式，既是韻文，歌詞與音樂均需爲研究對象，流行歌曲是目前唯一能將兩者彼此環扣的韻文，旋律與歌詞的配合，能因此避免倒字與韻腳不和諧的情況，大眾的聽覺經驗便有更多藝術美感產生，這也是一種對韻文的講究。只不過現階段對於詞曲相合（如押韻與曲調）、咬合（聲調與旋律）的年輕音樂人，對於追求講究並不多見，過去的流行歌曲由劉家昌、羅大佑、李宗盛等大家引領潮流，其作品追求詞曲相合，且跟隨者眾，影響樂壇多年。

　　詞曲相合，如各篇所論，乃演唱時順口、大眾聽來順耳，聲調與旋律配合、聲情與詞境相融，講究者會盡量做到這般境界，若詩歌要求押韻，則和諧動聽，並且有節奏感，容易傳唱與記憶，因此，流行歌曲押韻現象是詞曲創作人的基本追求，縱使無法全面，亦會於關鍵處使用韻字，只是講究程度不一。

參引文獻

一、古　籍（依作者年代）

1. 《毛詩正義》，阮元刻《十三經注疏》本，臺北：藝文印書館，1997 年。
2. 《尚書正義》，阮元刻《十三經注疏》本，臺北：藝文印書館，1997 年。
3. 《禮記注疏》，阮元刻《十三經注疏》本，臺北：藝文印書館，1997 年。
4. 〔梁〕沈約：《宋書》臺北：鼎文書局，1994 年 9 月。
5. 〔梁〕劉勰撰、范文瀾注：《文心雕龍注》北京：人民文學出版社，1958 年 9 月。
6. 〔唐〕元稹：《元稹集》北京：中華書局，2000 年。
7. 〔唐〕李延壽：《南史》北京：中華書局，1974 年。
8. 〔宋〕王直方《王直方詩話》，《宋詩話輯佚本》臺北：華正書局，1961 年。
9. 〔宋〕王禹偁，《小畜集》臺北：臺灣商務印書館，1965 年。
10. 〔宋〕郭茂倩：《樂府詩集》臺北：里仁書局，1981 年 3 月。
11. 〔宋〕張炎撰、蔡楨疏證：《詞源疏證》臺北：學海出版社，1988 年。
12. 〔明〕王驥德：《曲律》北京：中國戲劇出版社，1984 年。
13. 〔明〕沈德符：《萬曆野獲編》，《元明史料筆記叢刊》本北京：中華書局，1997 年 11 月。
14. 〔明〕沈璟，徐朔方校：《沈璟集》上海：上海古籍出版社，1991 年 12 月。
15. 〔明〕沈寵綏：《度曲須知》上卷，《中國古典戲曲論著集成》北京：中國戲劇出版社，1959 年。
16. 〔明〕魏良輔：《南詞引正》上海：上海古籍出版社，1985 年。

17. 〔明〕顧炎武：《日知錄》臺北：明倫出版社，1970 年 9 月。

18. 〔清〕戈載：《詞林正韻》臺北：文史哲出版社，1980 年。

二、專　書（依作者筆畫）

1. 〔布拉格〕Eduard Hanslick 著、陳慧珊譯：《論音樂美——音樂美學的修改芻議》臺北：世界文物，1997 年 11 月。

2. 中國大百科全書出版編輯：《中國大百科全書・音樂・舞蹈卷》北京：中國大百科全書出版社，1989 年 4 月。

3. 方文山：《關於方文山的素顏韻腳詩》臺北：華人版圖，2006 年。

4. 王力：《詩詞格律》北京：中華書局，2015 年 1 月北京第 8 次印刷。

5. 王力：《詩經韻讀》山東：新華書店出版社 1984 年 12 月。

6. 王力：《漢語詩律學》臺北：洪氏出版社，1975 年 3 月 1 日。

7. 王易：《詞曲史》，臺北：廣文書局，1960 年。

8. 王冠群：《通俗創作十講》長春：長春出版社，1993 年 2 月。

9. 王修智：《齊魯文化與山東人》濟南：山東人民出版社，2010 年 1 月。

10. 王祖壽：《歌不斷》臺北：三采文化出版事業有線公司，2014 年 10 月 30日。

11. 王國維〔清〕：《人間詞話》臺南：大夏出版社，1988 年 12 月。

12. 王國維〔清〕：《王國維先生全集》第五冊，《宋元戲曲史》，北京：燕山出版社，1997 年。

13. 白靈主編：《新詩 20 家》臺北：九歌出版社，1998 年 3 月。

14. 朱光潛：《文藝心理學》臺北：臺灣開明書店，1994 年 2 月三版。

15. 朱耀偉：《歲月如歌——詞話香港粵語流行曲》香港：三聯書店，2009年 9 月。

16. 吳祖強編：《曲式與作品分析》北京：新華書店，2003 年 6 月。

17. 呂鈺秀：《音樂學探索——臺灣音樂樂研究的新面向》臺北：五南圖書出版股份有限公司，2009 年 8 月。

18. 李怡：《中國新詩的傳統與現代》臺北，秀威資訊，2006 年 11 月 1 日。

19. 李時銘：《詩歌與音樂論稿》臺北：里仁出版社，2004 年 8 月。

20. 李清源：《英詩韻律淺說》臺北：臺灣中華書局，1983 年 5 月。

21. 周濟〔清〕：《介存齋論詞雜著》北京：人民文學，1959 年。

22. 林瑛琪：《臺灣的音樂與音樂家》臺北：五南文化事業，2010 年 2 月。

23. 武俊達：《戲曲音樂概論》北京：文化藝術出版社，1999 年 1 月。

24. 竺家寧：《語言風格與文學韻律》臺北，五南圖書出版，2016 年 10 月。

25. 竺家寧：《聲韻學》，臺北，五南圖書出版公司，2007 年 8 月 31 日。

26. 周佳榮、侯勵英：《中國文明─文化轉型的歷程》香港：香港教育圖書公司，2010 年。

27. 段寶林、過偉編：《民間詩律》北京：北京人民大學出版社，1987 年 11 月。

28. 洪芳儀：《上海流行音樂（1927～49）雜種文化美學與聽覺現代性的建立》臺北：政大出版社，2015 年 6 月。

29. 洪芳儀：《天涯歌女─周璇與她的歌》臺北：秀威資訊科技股份有限公司，2008 年 1 月 BOD 版。

30. 胡甫才：《詩體釋例》臺北：臺灣中華書局，1958 年 3 月臺一版。

31. 唐圭璋編：《全宋詞》第三冊，北京：中華書局，1999 年 1 月。

32. 孫從音：〈戲曲唱腔和語言的關係〉臺北：丹青圖書有限公司，1986 年 3 月。

33. 孫德銘、莊永銘：《臺灣歌謠鄉土情》臺北：孫德銘出版，1994 年。

34. 徐富美、高林傳：〈歌詞聲調與旋律曲調相諧和的電腦檢測〉臺北：行政院國家科學委員會專題研究計畫 成果報，2009 年 10 月。

35. 翁嘉銘：《樂光流影》臺北：典藏文創有限公司，2010 年 10 月 21 日初版。

36. 馬世芳：《地下藍色鄉愁》臺北：時報文化出版企業股份有限公司，2011 年 3 月 30 日。

37. 馬任重：《毒舌教練的臺灣流行音樂講座》臺北：左岸文化事業有限公司，2011 年 9 月初版。

38. 財團法人中華民俗藝術基金會主編：《2002 兩岸戲曲大展學術研討會論文集》，臺北，國立傳統藝術中心出版，2002 年 11 月。

39. 張鐵志、柴子文編註：《愛上噪音》臺北：八旗文化，2012 年 7 月。

40. 張鐵志：《聲音與憤怒─搖滾樂可能改變世界嗎？》臺北：商周出版，2011 年 8 月初版。

41. 教育部國語推行委員會編：《中華新韻》臺北：國語日報出版社，1973 年 12 月。

42. 郭長揚：《中國藝術歌曲曲調分析》臺北：樂韻出版社，1996 年 10 月。

43. 陳建志：《未來感》臺北：聯合文學出版社，2008 年 7 月 7 日。

44. 陳建志：《毒舌教練的臺灣流行音樂講座》臺北：左岸文化出版，2011 年 9 月。

45. 陳樂融：《我，作詞家──陳樂融與 14 位詞人的創意叛逆》臺北：天下雜誌，2010 年 1 月。

46. 陶曉清、馬世芳、葉雲平：《臺灣流行音樂 200 最佳專輯》，臺北：時報文化，2009 年 1 月。

47. 曾遂今：《現代通俗歌曲觀念與技法》成都：四川教育出版社，1993 年 10 月。

48. 楊瑞慶：《通俗歌曲創作漫談》上海：世界圖書出版社，1994 年 8 月第 1 版。

49. 楊嘉主編：《民歌 40——再唱一段思想起》臺北：大塊文化出版股份有限公司，2015 年 5 月初版。

50. 楊蔭瀏：《語言與音樂》臺北：丹青圖書有限公司，1986 年 3 月。

51. 葉桂桐：《中國詩律學》臺北：文津出版社有限公司，1998 年 1 月。

52. 葉慶炳：《中國文學史》臺北：學生書局，1984 年 12 月。

53. 葛濤：《唱片與近代上海社會生活》上海：上海辭書出版社，2009 年 6 月。

54. 臺靜農：《中國文學史》臺北：臺灣大學出版中心，2009 年 12 月。

55. 趙元任著、葉蜚聲譯：《趙元任語言學全集》北京：中國社會科學出版社，1985 年。

56. 劉靖之：《中國新音樂史論》香港：中文大學出版社，2009 年。

57. 劉琢瑜：《怎樣唱好戲》臺北：威秀出版社，2004 年 6 月 1 日。

58. 蔡振家：《音樂認知心理學》臺北：臺大出版中心，2015 年 5 月初版三刷。

59. 鄭振鐸：《中國俗文學史》上臺北：臺灣商務印書館，1992 年 11 月。

60. 黎遂：《民國風華——我的父親黎錦暉》北京：團結出版社，2011 年 10 月，第一次印刷。

61. 錢仁康：《錢仁康音樂文選》上海：上海音樂出版社查出版年月。

62. 錢志熙：《漢魏樂府的音樂與詩》鄭州：大象出版社，2000 年 8 月。

63. 錢鍾書：《談藝錄》北京：三聯書店，2007 年。

64. 龍沐勛：《倚聲學》臺北：里仁書局，2003 年 9 月。

65. 應尚能：《以字行腔》北京：人民音樂出版社，1983 年 5 月。

66. 薛宗明：《臺灣音樂辭典》臺北：臺灣商務印書館，2003 年。

67. 薛良編：《民族民間音樂工作指南》北京：中國文聯出版公司，1994 年 4 月。

68. 謝奇任：《國際唱片工業研究——跨國唱片公司的全球化、本土化、數位化》臺北：五南圖書出版股份有限公司，2006 年 3 月。

三、期刊報章雜誌（依出版時間）

1. 許士坤：〈茉莉紮根中華香飄四海五洲：記〈茉莉花〉的搜集加工整理者何仿及其文藝生涯〉，《新文化史料》第二期，1988 年。

2. 蘇珊玉：〈《人間詞話》詩詞審美平議──「詩之境闊，詞之言長」〉《高雄師大學報》第十六期，2004 年 6 月。

3. 高永晨：〈漢語「雙聲」、「疊韻」與英語 Allitertion&Assonance 的跨文化差異〉《外語與外語教學》，蘇州：蘇州大學外語學校，2004 年第八期。

4. 黃一農：〈中國民歌〈茉莉花〉的西傳與東歸〉，《文與哲》第九期，2006 年 12 月。

5. 康全誠：〈論古典詩歌的形式〉，《遠東學報》第二十三卷第二期，2006 年 6 月。

6. 李惠綿：〈從音韻學角度論明代崑腔度曲論之形成與建構〉，《中國文哲研究集刊》第三十一期，2007 年 9 月。

7. 白潔：〈明清俗曲《茉莉花》曲牌的流變〉，《魯東大學學報哲學社會科學版》第二十五卷第五期，2008 年。

8. 陳樹林：〈歌曲演唱中的倒字與音樂教育〉，《中國音樂教育》第五期，2010 年 5 月 27 日。

9. 李時銘：〈論詩歌與音樂之共性──從言／音節出發的考察〉，《彰化師範大學文學誌》第二十五期，2012 年 12 月。

10. 劉曉靜：〈明清時期中國俗曲的發展與傳播〉，《山東社會科學》第四期，2013 年。

11. 皚夫：〈歌曲創作中的「倒字」現象之我見〉，《北方音樂》第八期，2014 年。

12. 丘彥遂：〈《毛詩》「抱韻」研究〉，《興大中文學報》第 37 期，2015 年 6 月。

13. 曾大衡：〈近代流行音樂的多元文化體現〉，《藝術欣賞期刊》六十七期第 11 卷第 2 期，2015 年 6 月。

14. 尹毅：〈李宗盛的音樂創作特色──以〈給自己的歌〉為例〉，《魅力中國》第十六期，2016 年。

15. 楊偉成：〈文字的勝負──寫出一塊思想形狀　馬世芳 X 馬莎〉，《Shopping Design》臺北：巨思文化股份有限公司，2016 年 2 月 5 日 87 期。

16. 邱國榮：〈聽見臺灣──從歌曲發掘歷史〉，《臺灣教會公報》（http://www.tcnn.org.tw/news-detail.php?nid=5448），2016 年 3 月 4 日檢索。

17. 顏綠芬：〈民歌、流行歌的釋疑與台語鄉土歌曲教學〉，《美育》211 期，

2016 年 5 月 1 日。

四、學位論文（依出版時間）

（一）博士學位論文

1. 黃湛森：〈粵語流行曲的發展與興衰：香港流行音樂研究（1949～1977）〉，香港：香港大學哲學博士論文，2003 年 5 月。

（二）碩士學位論文

1. 張璧瑩：〈戒嚴時期臺灣流行歌曲研究 1949~1987 年〉，桃園：國立中央大學中國文學系碩士論文，2005 年。

2. 吳麗靜：〈鄭愁予詩的音律風格研究〉，臺北：國立政治大學中國文學系國文教學碩士論文，2008 年。

3. 陳錫章：〈一九三〇、四〇年代上海流行歌曲之歌詞研究〉，嘉義：南華大學文學系碩士班，2009 年。

4. 劉祐銘：〈臺灣國語流行歌詞用韻研究（1998～2008）〉，臺中：靜宜大學中國文學研究所碩士論文，2010 年。

5. 周佳妮：〈方文山歌詞修辭現象研究〉，新竹：國立新竹教育大學進修部語文教學系碩士論文，2011 年。

6. 張明玉：〈普契尼《杜蘭朵》歌劇欣賞之教學探討——以國小四年級學生對〈茉莉花〉的接受度〉，臺北：東吳大學音樂系碩士在職專班音樂教育組碩士論文，2012 年 12 月。

7. 林雅秋：〈集句與犯調研究〉，臺中：逢甲大學中國文學系碩士論文，2012 年 6 月。

8. 張維眞：〈吳青峰華語詞作主題研究〉，新竹：國立新竹教育大學中國文學系語文教師在職專班碩士論文，2013 年。

9. 齊于萱：〈當代音樂〈青蚵嫂〉之跨文化分析〉，臺北：國立臺灣藝術大學戲劇學系表演藝術碩士論文，2013 年 12 月。

10. 黃蕙婷：〈林夕散文研究〉，臺北：國立政治大學中國文學系國文教學碩士學位論文，2013 年 7 月。

11. 林曉文：〈徐志摩詩的韻律風格研究〉，臺北：國立政治大學中國文學系國文教學在職專班碩士論文，2014 年 7 月。

12. 吳琇梅：〈方文山創作歌詞之音韻風格研究〉，彰化：國立彰化師範大學國文研究所國語文研究教學碩士論文，2014 年 8 月。

13. 胡家晉：〈李商隱詩歌的語言風格研究——以詠物詩爲重心〉，香港：嶺南大學哲學碩士論文，2015 年。

14. 謝憶凡：〈羅大佑國語歌詞之語言風格研究〉，臺中：國立中興大學中國

文學研究所碩士論文，2015 年。

15. 李東霖：〈黃俊郎流行歌詞研究〉，屏東：國立屏東大學中國語文學系碩士論文，2015 年 12 月。

16. 郭詠茹：〈戒嚴時期（1949～1987）國、臺語流行歌曲歌詞意涵的比較〉，臺北：國立臺北教育大學臺灣文學所碩士論文，2015 年 7 月。

17. 俞大惠：〈十方一念——林夕 2004～2014 國語歌詞修辭探驪〉，臺北：國立臺灣師範大學國文學系碩士論文，2016 年。

18. 曾大衡：〈華語當代流行歌曲與戲曲曲體形式的關聯性〉，臺北：國立臺灣藝術大學戲劇學系表演藝術碩士論文，2016 年 1 月。

19. 賴靖珉：〈流行歌曲與臺灣社會之互動（1945～2015）——以歌詞為中心之探討〉，臺中：國立臺中教育大學音樂系碩士論文，2016 年 1 月。

20. 王淳眉：〈製作類型：戰後國語通俗音樂「流行曲」與「搖滾樂」的系譜考察，從「滾石」、「飛碟」到「水晶」〉，新竹：國立交通大學社會與文化研究所碩士論文，2016 年 6 月。

21. 陳怡君：〈臺灣戒嚴時期流行歌曲的禁歌研究〉，宜蘭：佛光大學歷史學系碩士論文，2016 年 6 月。

22. 楊宗樺：〈「文明社會」——華語流行歌曲創作理念與分析〉，臺北：文化大學音樂學系碩士論文，2017 年。

五、網路資料（個別檢索時間在文中註明）

1. 360 度圖書館，http://www.360doc.com/content/l

2. Blow 吹音樂網路，https://blow.streetvoice.com/

3. Indievox 獨立音樂網，https://www.indievox.com/

4. ISRC-國際標準錄音錄影資料代碼查詢系統 ，http://isrc.ncl.edu.tw/

5. KKBOX 線上音樂，https://www.kkbox.com/tw/

6. Mojim com，https://mojim.com/twznew.htm

7. MÜST 社團法人中華音樂著作權協會，http://musttaiwanorg.blogspot.tw

8. 小日子，http://www.oneday.com.tw/

9. 中央通訊社，http://www.cna.com.tw/

10. 中國國家哲學社會科學文獻中心，http://www.ncpssd.org/

11. 中華日報心聞網，http://www.cdns.com.tw/

12. 中廣音樂網，http://www.bcc.com.tw/

13. 文化部影視與流行音樂產業局，http://www.bamid.gov.tw

14. 文化部影視與流行音樂產業局，http://www.bamid.gov.tw/file

15. 央廣，http://www.rti.org.tw/

16. 交通大學：數位典藏國家型科技計劃‧李泰祥臺灣本土音樂家之影音典藏，http://lth.e-lib.nctu.edu.tw/index.htm

17. 交通大學數位典藏國家型科技計劃，http://lth.e-lib.nctu.edu.tw

18. 地下鄉愁藍調，http://blog.roodo.com/honeypie

19. 行政院文化建設委員會電影紀事館，http：//can.cca.gov.tw/movies/

20. 李泰祥數位音樂博物館，http://lth.e-lib.nctu.edu.tw/index.htm

21. 政院文化建設委員會，http：//can.cca.gov.tw/movies/a03.htm）

22. 科技新報，http://technews.tw

23. 科技新報，http://technews.tw/

24. 香港大學，http://www.hku.hk/

25. 國家圖書館，http://www.ncl.edu.tw/

26. 國家圖書館 ISRC 資料庫，http://www.pmdb.org.tw/index.jsp

27. 臺灣流行音樂資料庫，http://www.pmdb.org.tw/index.jsp

28. 臺灣流行歌曲排行榜，http://tw-pop-chart.blogspot.tw

29. 臺灣教會公報，http://www.tcnn.org.tw/

30. 魅力中國，http://c.wanfangdata.com.cn/periodical/mlzg

31. 聯合報電子新聞網，http://a.udn.com/focus

32. 聯合新聞網，https://mobile.udn.com/focus/

33. 騰迅視頻，https://v.qq.com/x/page/h0127zppksp.html

六、音樂專輯（依演唱者姓名筆畫為序）

1. 小虎隊：《愛》臺北：飛碟唱片，1991 年 8 月。

2. 尤雅：《愛人去不回》臺北：海山唱片，1970 年月。

3. 文章：《三百六十五里路》臺北：四海唱片，1984 年 10 月。

4. 方大同：《愛愛愛》臺北：華納音樂，2007 年 3 月。

5. 王若琳：《Joanna & 王若琳》臺北：新力博德曼，2009 年 1 月。

6. 王傑：《一場遊戲一場夢‧一場遊戲一場夢》臺北：飛碟唱片，1987 年 12 月。

7. 王菲：《王菲》臺北：科藝百代股份有限公司，2001 年 11 月。

8. 王菲：《快樂不快樂——一直王菲》臺北：科藝百代股份有限公司，1997 年 1 月。

9. 王菲：《浮躁》臺北：福茂唱片，1996 年 。

10. 王菲：《菲靡靡之音》臺北：寶麗金唱片，1995 年 7 月。

11. 丘丘合唱團：《就在今夜》臺北：新格唱片，1982 年。

12. 白光：《白光之歌》臺北：大金門唱片，1968 年 1 月。

13. 白光：《魂縈舊夢》上海：百代公司，1946 年。

14. 白安：《麥田捕手》臺北：相信音樂，2012 年 12 月。

15. 伍佰：《淚橋》臺北：愛貝克思唱片，2003 年 12 月。

16. 江玲：《中國新娘》臺北：新作唱片，1988 年 7 月。

17. 江玲：《我的小妹》臺北：歌林唱片，1980 年 6 月 30 日。

18. 江蕙：《臺灣民謠 4》臺北：田園唱片，2003 年。

19. 江蕾：《昨夜夢中相訴》臺北：歌林唱片，1975 年 7 月。

20. 余天：《二十年來最暢銷臺語老歌精選集 3 余天》臺北：麗歌唱片，2000 年版。

21. 吳鶯音：《岷江夜曲》上海：百代公司，1946 年。

22. 李佳薇：《感謝愛人》臺北：華納唱片，2011 年 9 月。

23. 李宗盛：《山丘》臺北：相信音樂，2013 年 10 月。

24. 李宗盛：《美麗新世界 3 大風吹》臺北：滾石唱片，1991 年 5 月。

25. 李建復：《龍的傳人》臺北：新格唱片，1980 年。

26. 李榮浩：《李榮浩》臺北：華納音樂，2014 年 11 月 28 日。

27. 沈雁：《我踏浪而來》臺北：歌林唱片，1979 年 12 月 15 日。

28. 那英：《那又怎麼》臺北：亞神音樂，2011 年。

29. 那英：《那英——心酸的浪漫》臺北：科藝百代唱片，2000 年。

30. 周杰倫：《我很忙》臺北：新力博德曼音樂娛樂有限公司，2007 年 11 月。

31. 周杰倫：《周杰倫 JAY 魔杰座臺北：新力博德曼唱片公司，2008 年 10 月 14 日。

32. 周杰倫：《魔杰座》臺北：索尼音樂唱片，2008 年 10 月。

33. 周華健：《朋友》臺北：滾石音樂，1997 年 12 月。

34. 周璇：《周璇之歌第一集·月圓花好》香港：香港電氣實業有限公司，1937 年。

35. 林宥嘉：《有時 THE GREAT YOGA 有時口的形狀 林宥嘉演唱會自選 LIVE （2CD）》臺北：華研唱片，2017 年 1 月 6 日。

36. 林淑蓉：《無言的結局 》臺北：飛羚公司，1986 年。

37. 林慧萍：《戒痕》臺北：歌林唱片，1983 年 7 月 21 日。

38. 林慧萍：《往昔》臺北：歌林唱片公司，1982 年 12 月 23 日。

39. 林慧萍：《等不到深夜》臺北：點將唱片，1991 年 10 月。

40. 林憶蓮：《夜太黑》臺北：滾石唱片，1996 年 1 月。

41. 林憶蓮：《愛上一個不回家的人》臺北：飛碟唱片，1990 年 12 月。

42. 芝麻龍眼：《芝麻與龍眼》臺北：鄉城唱片，1988 年。

43. 邰正宵：《找一個字代替》臺北：福茂唱片，1993 年 11 月。

44. 邰肇玫、施碧梧：《跳躍的音符今韻獎專輯》臺北：新格唱片，1978 年。

45. 金素梅：《卸妝》臺北：寶麗金唱片股份有限公司，1990 年。

46. 金瑞瑤：《似曾相識》臺北：歌林唱片，1981 年 5 月。

47. 阿杜：《天黑》臺北：新力博德曼音樂娛樂有限公司，2002 年。

48. 阿密特：《阿密特 2》臺北：EMI 唱片，2015 年 4 月 4 日。

49. 阿密特：《張惠妹意識專輯》臺北：金牌大風，2009 年 6 月。

50. 南方二重唱：《細說往事》臺北：瑞星唱片，1991 年。

51. 品冠：《疼你的責任》臺北：滾石國際音樂股份有限公司唱片，2001 年。

52. 姚莉：《那個不關心》香港：百代唱片，1956 年。

53. 姚莉：《阿里山之鶯電影原聲帶》香港：百代唱片，1957 年。

54. 姜育恆：《什麼時候》臺北：光美唱片，1984 年。

55. 施孝榮：《施孝榮專輯》臺北：新格唱片，1981 年。

56. 美黛：《憶難忘》臺北：海韻唱片，1963 年。

57. 胡彥斌：《音樂斌潮胡彥斌》臺北：科藝百代唱片，2008 年 7 月。

58. 胡楊林：《香水有毒》臺北：新力博德曼音樂娛樂有限公司，2007 年。

59. 范廣慧、張智真：《金韻獎紀念專輯》臺北：新格唱片，1977 年 12 月。

60. 草東沒有派對：《醜奴兒》臺北：草東沒有派對獨立發行，2016 年 4 月。

61. 孫燕姿：《Yan Zi 孫燕姿同名專輯》臺北：華納唱片，2000 年。

62. 翁倩玉：《愛的炫風》臺北：麗歌唱片，1975 年。

63. 草蜢隊：《忘情森巴舞》臺北：寶麗金唱片股份有限公司，1991 年。

64. 郭頂：《飛行器的執行週期》臺北：環球唱片，2016 年 11 。

65. 崔健：《一無所有》臺北：可登唱片，1989 年 4 月 10。

66. 崔萍：《夜上海精選四》香港：百代唱片公司，1961 年。

67. 崔萍：《南屏晚鐘》香港：飛利浦唱片公司，1959 年。

68. 崔萍：《相思河畔》臺北：百代唱片，1962 年。

69. 庾澄慶：《讓我一次愛個夠》臺北：福茂唱片音樂股份有限公司，1989 年 7 月。

70. 張宇：《用心良苦》臺北：歌林股份有限公司出版部，1993 年 11 月。

71. 張艾嘉：《張艾嘉的童年》臺北：滾石有聲出版社有限公司，1981 年。

72. 張洪量：《美麗新世界》臺北：滾石唱片，1989 年。

73. 張清芳：《紫色的聲音》臺北：點將唱片，1990 年 6 月。

74. 張惠妹：《我要快樂》臺北：華納唱片，2006 年 2 月。

75. 張惠妹：《妹力四射》臺北：豐華唱片，1997 年 12 月。

76. 張惠妹：《姊妹》臺北：豐華唱片，1996 年 12 月。

77. 張惠妹：《都什麼時候了》臺北：金牌大風，2011 年 6 月。

78. 張震嶽：《祕密基地》臺北：魔岩唱片，1998 年 12 月。

79. 張學友：《吻別》臺北：寶麗金唱片，1993 年。

80. 梁靜茹：《崇拜》臺北：相信音樂，2007 年 12 月。

81. 梁靜茹：《燕尾蝶》臺北：滾石唱片，2004 年 9 月。

82. 許茹芸：《如果雲知道》臺北：上華國際企業有限公司，1996 年 1 月。

83. 郭富城：《我是不是該安靜的走開》臺北：飛碟企業股份有限公司，1991 年 4 月。

84. 郭靜：《下一個天亮》臺北：福茂唱片，2008 年 5 月。

85. 陳昇：《私奔》臺北：滾石唱片，1991 年 8 月。

86. 陳明韶：《我唱你和·金韻獎合唱專輯 》臺北：新格實業股份有限公司，1981 年。

87. 陳明韶：《重逢·讓我們看雲去》臺北：新格唱片，1979 年。

88. 陳奕迅：《special thanks to…》臺北：艾迴唱片，2002 年 4 月。

89. 陳奕迅：《黑白灰》臺北：艾迴股份有限公司，2003 年 4 月。

90. 陳淑樺：《夕陽伴我歸》臺北：海山唱片，1982 年 1 月 1 日。

91. 陳淑樺：《愛的進行式》臺北：滾石唱片，1993 年。

92. 陳蘭麗：《情竇初開》臺北：海山公司，1970 年。

93. 陶喆：《I'm OK》臺北：俠客唱片，1999 年 12 月。

94. 陶晶瑩：《我變了》臺北：豐華唱片，1999 年 12 月。

95. 陶晶瑩：《愛缺》臺北：豐華唱片，2000 年 9 月。

96. 曾慶瑜：《下一個男人也許會更好》臺北：派森企業公司，1988 年。

97. 童安格：《其實你不懂我的心》臺北：寶麗金唱片，1989 年 12 月。

98. 紫薇：《水擺夷之戀》香港：百代唱片，1958 年。

99. 黃安：《新鴛鴦蝴蝶夢》臺北：上華國際企業股份有限公司，1993 年 2 月。

100. 黃品源：《2002 簡單情歌》臺北：滾石唱片，2002 年 11 月。

101. 黃舒駿：《馬不停啼的憂傷》臺北：歌林唱片，1988 年。

102. 黃磊：《等等等等》臺北：豐華唱片，2001 年 3 月。

103. 黃鶯鶯：《搖籃曲》臺北：華納唱片，2012 年 6 月。

104. 黃鶯鶯：《讓愛自由》臺北：飛碟唱片，1990 年 7 月。

105. 楊乃文：《應該》臺北：魔岩唱片公司，2001 年 5 月。

106. 筷子兄弟：《小蘋果》臺北：滾石移動唱片，2014 年 11 月。

107. 萬芳：《新不了情電影原聲帶》臺北：滾石唱片，1993 年 11 月。

108. 葉佳修：《葉佳修》臺北：海山唱片，1979 年 6 月。

109. 裘海正：《愛我的人和我愛的人》臺北：上華唱片，1994 年。

110. 滾石群星：《快樂天堂》臺北：滾石唱片，1987 年 1 月 15 日。

111. 趙傳：《我是隻小小鳥》臺北：滾石唱片，1990 年 8 月。

112. 鳳飛飛：《我是一片雲》臺北：歌林唱片，1977 年 1 月。

113. 鳳飛飛：《掌聲響起》臺北：歌林唱片公司，1986 年 6 月。

114. 鳳飛飛：《鳳飛飛精萃—姑娘十八一朵花》臺北：王振敬股份有限公司，1981 年 5 月。

115. 齊豫：《有沒有這種說法》臺北：滾石唱片，1998 年。

116. 齊豫：《橄欖樹》臺北：新格唱片，1979 年 2 月。

117. 劉文正：《三月裡的小雨》臺北：王振敬股份有限公司，1981 年 1 月。

118. 劉文正：《小雨打在我的身上》臺北：歌林唱片，1978 年。

119. 劉文正：《卻上心頭》臺北：東尼唱片，1981 年。

120. 劉德華：《一生一次》臺北：飛碟唱片公司，1993 年。

121. 潘越雲：《我是不是你最疼愛的人》臺北：滾石唱片，1989 年 9 月。

122. 蔡依林：《特務 J》臺北：科藝百代股份有限公司，2007 年 12 月。

123. 蔡健雅：《雙棲動物》臺北：華納音樂股份有限公司，2005 年 1 月。

124. 蔡琴：《火舞》臺北：飛碟企業有限公司，1988 年 6 月。

125. 蔡琴：《此情可待》臺北：飛碟唱片，1984 年 11 月。

126. 蔡琴：《你的眼神》臺北：海山唱片，1981 年 9 月。

127. 鄧麗君：《小城故事》臺北：歌林唱片，1979 年。

128. 鄧麗君：《月滿西樓》臺北：華倫唱片，1968 年。

129. 鄧麗君：《再見我的愛人 5-6 復刻版》臺北：環球唱片，2009 年 11 月。

130. 鄧麗君：《我和你·北國之春》臺北：鄉城唱片，1979 年 11 月。

131. 鄧麗君：《無情荒地有情天》臺北：歌林唱片，1978 年 12 月 9 日。

132. 鄧麗君：《難忘的一天》臺北：歌林唱片公司，1979 年 9 月。

133. 鄧麗君：《難忘的初戀情人》香港：麗風唱片，1971 年。

134. 鄧麗君：《艷紅小曲》臺北：歌林唱片公司，1980 年。

135. 鄭吟秋：《爲什麼還不來》臺北：王振敬股份有限公司，1982 年。

136. 鄭怡：《想飛》臺北：可登唱片，1986 年 12 月。

137. 蕭敬騰：《JAM 王妃》臺北：華納唱片，2009 年 7 月 17 日。

138. 龍飄飄：《怎能再回頭》馬來西亞：豐榮唱片，1985 年。

139. 羅大佑：《之乎者也》臺北：滾石國際音樂股份有限公司，1980 年 12 月。

140. 羅大佑：《未來的主人翁》臺北：滾石唱片，1986 年 1 月 10 日。

141. 羅大佑：《家》臺北：滾石唱片，1984 年 10 月 18 日。

142. 蘇打綠樂團：《小宇宙》臺北：林暐哲音樂社，2006 年。

143. 蘇芮：《一樣的月光電影原聲帶》臺北：飛碟唱片，1983 年 6 月 18 日

附錄（一） 流行音樂「聽覺調查」表

這是一分流行音樂歌曲現象的聽覺調查表，謝謝您的協助。以下有四十首流行歌曲的片段「樂句」，請協助將您聽到的歌詞片段填入每一題的（　　）中，在播放歌曲後，請「立即」填寫當下聽到的歌詞反應，勿思考過久。

編號	歌　曲　片　段	
001	您聽過第首歌曲嗎？□有□無。您聽到的片段是：「我和我的孤獨，約在未涼的，未涼的（　　　　　）。」	□聽不懂
002	您聽過第首歌曲嗎？□有□無。您聽到的片段是：「（　　　　　），我們在機場的車站，你借我而我不想歸還。」	□聽不懂
003	您聽過第首歌曲嗎？□有□無。您聽到的片段是：「我早已為你種下，（　　　　），從分手的那一天，（　　　　　）。」	□聽不懂
004	您聽過第首歌曲嗎？□有□無。您聽到的片段是：「你說過兩天來看我，（　　　　）就是一年多。」	□聽不懂
005	您聽過第首歌曲嗎？□有□無。您聽到的片段是：「如果女人，總是（　　　　）夜深，無悔付出青春，她就會對你真。」	□聽不懂
006	您聽過第首歌曲嗎？□有□無。您聽到的片段是：「風吹來的沙，落在悲傷的眼裡，誰都看出我在（　　　　　）。」	□聽不懂
007	您聽過第首歌曲嗎？□有□無。您聽到的片段是：「這盼啊，這（　　　　）啊，這去啊，這來啊，這歡喜悲哀，還不夠精彩。」	□聽不懂
008	您聽過第首歌曲嗎？□有□無。您聽到的片段是：「我（　　　　　）你回來，我（　　　　）你回來。」	□聽不懂
009	您聽過第首歌曲嗎？□有□無。您聽到的片段是：「你知道我在（　　　　）你嗎？你如果真的在乎我？。」	□聽不懂
010	您聽過第首歌曲嗎？□有□無。您聽到的片段是：「在家時候，在（　　　　）時候。」	□聽不懂

011	您聽過第首歌曲嗎？□有□無。您聽到的片段是：「只為那浪花的手，　　　　）你的溫柔。」	□聽不懂
012	您聽過第首歌曲嗎？□有□無。您聽到的片段是：「（　　　　　），原來一個都比一個漂亮。」	□聽不懂
013	您聽過第首歌曲嗎？□有□無。您聽到的片段是：「（　　　　　）張開口吞掉了水草（　　　　）。」	□聽不懂
014	您聽過第首歌曲嗎？□有□無。您聽到的片段是：「你還（　　　）嗎？像我現在想你一樣？」	□聽不懂
015	您聽過第首歌曲嗎？□有□無。您聽到的片段是：「啊～，我為你歌唱，我為你（　　　　）。」	□聽不懂
016	您聽過第首歌曲嗎？□有□無。您聽到的片段是：「（　　　　　）妹妹，那個妹妹，那個妳猜她是誰？」	□聽不懂
017	您聽過第首歌曲嗎？□有□無。您聽到的片段是：「如傳世的（　　　　　）自顧自美麗，妳眼帶笑意。」	□聽不懂
018	您聽過第首歌曲嗎？□有□無。您聽到的片段是：「然後我倆各自一（　　　　），望著大河灣灣。」	□聽不懂
019	您聽過第首歌曲嗎？□有□無。您聽到的片段是：「又見（　　　）升起，暮色照大地。」	□聽不懂
020	您聽過第首歌曲嗎？□有□無。您聽到的片段是：「真愛過才會懂，會寂寞，（　　　　）。」	□聽不懂
021	您聽過第首歌曲嗎？□有□無。您聽到的片段是：「（　　　　）盡管再危險，總有人黑著眼眶熬著夜。」	□聽不懂
022	您聽過第首歌曲嗎？□有□無。您聽到的片段是：「你讓世界更（　　　）。」	□聽不懂
023	您聽過第首歌曲嗎？□有□無。您聽到的片段是：「我是一隻（　　　　），想要飛，卻飛也飛不高。」	□聽不懂
024	您聽過第首歌曲嗎？□有□無。您聽到的片段是：「那年我們來到小小的（　　　　），有雨細細濃濃的（　　　　）兩格相同。」	□聽不懂
025	您聽過第首歌曲嗎？□有□無。您聽到的片段是：「（　　　　），平淡無聊，一切都好，只缺煩惱。」	□聽不懂
026	您聽過第首歌曲嗎？□有□無。您聽到的片段是：「你我皆（　　　），生在人世間。」	□聽不懂
027	您聽過第首歌曲嗎？□有□無。您聽到的片段是：「有位（　　　　），在水一方。」	□聽不懂
028	您聽過第首歌曲嗎？□有□無。您聽到的片段是：「（　　　　），（　　　　），浪跡天涯的遊子，（　　　），（　　　　），別再四處漂泊。」	□聽不懂

029	您聽過第首歌曲嗎？□有□無。您聽到的片段是：「是什麼讓我不再（　　　　　）。」	□聽不懂
030	您聽過第首歌曲嗎？□有□無。您聽到的片段是：「親愛的，別嚇到，閉上了眼睛，小丑把戲，不是大家都可以，誇張眼影藍色憂傷的淚滴，丟丟刀噴噴火踩高蹺（　　　　　）。」	□聽不懂
031	您聽過第首歌曲嗎？□有□無。您聽到的片段是：「喝不盡醉人（　　　　）。」	□聽不懂
032	您聽過第首歌曲嗎？□有□無。您聽到的片段是：「時光一逝永不回，往事只能（　　　）。」	□聽不懂
033	您聽過第首歌曲嗎？□有□無。您聽到的片段是：「把我的悲傷留給自己，你的（　　　）讓你帶走。」	□聽不懂
034	您聽過第首歌曲嗎？□有□無。您聽到的片段是：「有一個（　　　）的小女孩。」	□聽不懂
035	您聽過第首歌曲嗎？□有□無。您聽到的片段是：「走在鄉間的（　　　）。」	□聽不懂
036	您聽過第首歌曲嗎？□有□無。您聽到的片段是：「啊～，我我（　　　　），（　　　　）你不來。啊～你（　　　　），（　　　　）我也不理睬。」	□聽不懂
037	您聽過第首歌曲嗎？□有□無。您聽到的片段是：「你是我的（　　　　），怎麼愛你都不嫌多。」	□聽不懂
038	您聽過第首歌曲嗎？□有□無。您聽到的片段是：「（　　　　），打在我的身上。」	□聽不懂
039	您聽過第首歌曲嗎？□有□無。您聽到的片段是：「喔，（　　　　）的憂傷，（　　　　）向遠方奔去。」兩格相同。	□聽不懂
040	您聽過第首歌曲嗎？□有□無。您聽到的片段是：「（　　　　）一片雲呀，慢慢地走過來。」	□聽不懂

您的性別是：□男□女

年齡：□16-25　□26-35　□36-45　□46-55　□56-65

學歷：□高中　□專科　□大學　□碩士　□博士

謝謝您的協助

附錄（二） 譜例一覽表與譜次

曲　　名	唱	作詞	作曲	出版公司	出版年分
第二章　詞曲關係之倒字現象					
恰似你的溫柔	蔡琴	梁弘志	梁弘志	海山	1981
青花瓷	周杰倫	方文山	周杰倫	新力	2007
梅花	鄧麗君	劉家昌	劉家昌	華倫	1968
中國新娘	江玲	林秋離	小蟲	新作	1988
又見炊煙	王菲	莊奴	海沼實	福茂	1995
馬不停蹄的憂傷	黃舒駿	黃舒駿	黃舒駿	歌林	1988
快樂天堂	滾石群星	呂學海	陳復明	滾石	1987
不想你也難	張清芳	姚謙	小蟲	點將	1990
夜來香	李香蘭	黎錦光	黎錦光	上海百代	1944
凡人歌	李宗盛	李宗盛	李宗盛	滾石	1991
在水一方	江蕾	瓊瑤	林家慶	歌林	1975
故鄉的雲	文章	小軒	譚健常	四海	1984
朋友	周華健	劉思銘	劉志宏	滾石	1997
爲什麼還不來	鄭吟秋	陳彼得	陳彼得	王振敬	1982
上邪	哈輝	漢樂府	石夫	中國唱片	X
是什麼讓我遇見這樣的你	白安	白安	白安	相信音樂	2012
喬克叔叔	周杰倫	黃俊郎	周杰倫	索尼	2008
山丘	李宗盛	李宗盛	李宗盛	相信	2013
最後一夜	蔡琴	愼芝	陳志遠	飛碟	1984
往事只能回味	尤雅	林煌坤	劉家昌	海山	1970

大風吹	草東沒有派對	草東沒有派對	草東沒有派對	石皮	2016
我的小妹	江玲	莊奴	左宏元	歌林	1980
踏浪	沈雁	莊奴	古月	歌林	1979
我是一隻小小鳥	趙傳	李宗盛	李宗盛	滾石	1990
歲月的眼睛	金瑞瑤	張尚喬	日本曲	歌林	1983
小雨打在我身上	劉文正	孫儀	鄭貴昶	歌林	1978
小蘋果	筷子兄弟	王太利	王太利	滾石移動	2014
鄉間小路	葉佳修	葉佳修	葉佳修	麗歌	1986
王妃	蕭敬騰	陳鎮川	李偲菘	華納	2009
小薇	黃品源	阿弟仔	阿弟仔	滾石	2004
姊妹	張惠妹	張雨生	張雨生	豐華	1996
把悲傷留給自己	陳昇	陳昇	陳昇	滾石	1991
你知道我在等你嗎	張洪量	張洪量	張洪量	滾石	1989
我等著你回來	白光	嚴折西	嚴折西	大金門	1968
橘子紅了	黃磊	許常德	陳志遠	豐華	2001
哭砂	黃鶯鶯	林秋離	熊美玲	飛碟	1990
問	陳淑樺	李宗盛	李宗盛	滾石	1992
你怎麼說	鄧麗君	上官月	司馬亮	歌林	1980
九佰九拾九朵玫瑰	邰正宵	林利南	邰正宵	福茂	1993
你的背包	陳奕迅	林夕	蔡政勳	艾迴	2002
九月的高跟鞋	齊豫	陳克華	虹	滾石	1988
浮躁	王菲	王菲	王菲	福茂	1996
拜訪春天	施孝榮	林建助	陳輝雄	新格	1990
寧夏	梁靜茹	李正帆	李正帆	滾石	2004
下一個天亮	郭靜	姚若龍	陳小霞	福茂	2008
再度重相逢	伍佰	伍佰	伍佰	愛貝克思	2003
其實你不懂我的心	童安格	陳桂珠	童安格	寶麗金	1989
玫瑰玫瑰我愛你姚莉版	姚莉	吳村	陳歌辛	上海百代	1940
玫瑰玫瑰我愛你王若琳版	王若琳	吳村	陳歌辛	新力	2009
愛上一個不回家的人	林憶蓮	丁曉雯	陳志遠	飛碟	1990
夜太黑	林憶蓮	李宗盛	李宗盛 周國儀	滾石	1996

吻別	張學友	何啓弘	殷文琦	寶麗金	1993
我最親愛的	張惠妹	林夕	Russell Harris	金牌大風	2011
第三章　詞曲關係之押韻現象（一）整齊押韻					
甜蜜蜜	鄧麗君	莊奴	印尼民謠	歌林	1979
掌聲響起	鳳飛飛	陳桂芬	陳進興	歌林	1986
一生一次	劉德華	陳大力	陳秀男　陳大力	飛碟	1990
你快樂所以我快樂	王菲	林夕	張亞東	福茂	1999
世界像一座彩屋	陳蘭麗	黃捷平	黃捷平	海山	1970
你怎麼說	鄧麗君	上官月	司馬亮	歌林	1980
人間	王菲	林夕	中島美雪	EMI	1997
流年	王菲	林夕	陳曉娟	EMI	2001
春風吻上我的臉	姚莉	陳蝶衣	姚敏	百代	1956
南屏晚鐘	崔萍	陳蝶衣	王福齡	飛利浦	1959
今宵多珍重	崔萍	林遙	王福齡	飛利浦	1959
岷江夜曲	吳鶯音	司徒容	高劍聲	百代	1946
魂縈舊夢	白光	水西村	侯湘	百代	1948
梅蘭梅蘭我愛你	陳芬蘭	林煌坤	劉家昌	麗歌	1971
讓我們看雲去	陳明韶	黃大城	鍾麗莉	新格	1981
無言的結局	林淑蓉　李茂山	卡斯	劉明瑞	飛羚	1986
亞細亞的孤兒	羅大佑	羅大佑	羅大佑	滾石	1987
小城故事	鄧麗君	莊奴	湯尼	歌林	1979
動不動就說愛我	芝麻龍眼	林秋離	熊美玲	鄉城	1988
相思河畔	崔萍	紀云程	暹羅民謠	百代	1962
下一個男人也許會更好	曾慶瑜	傅秋珍	曹俊鴻	派森	1988
陪你一起老	品冠	小蟲	小蟲	滾石	2001
心酸的浪漫	那英	那英	張宇	環球	1998
小情歌	蘇打綠樂團	吳青峰	吳青峰	環球	2006
問	陳淑樺	李宗盛	李宗盛	滾石	1993
日不落	蔡依林	崔惟楷	Bard	EMI	2007
香水有毒	胡楊林	陳超	陳超	新力	2007

喜劇之王	黃偉文	李榮浩	李榮浩	華納	2014
全世界失眠	陳奕迅	林夕	陳偉	艾迴	2003
長鏡頭	那英	小寒	蔡健雅	亞神	2011
愛我的人和我愛的人	裘海正	許常德	游鴻明	上華	1994
卸妝	金素梅	何啓弘	周治平	寶麗金	1990
剪愛	張惠妹	林秋離	涂惠源	豐華	1996
愛情證書	孫燕姿	徐世珍	李偲松	華納	2000
撕夜	阿杜	王武雄	蔡振勳	新力	2002
青花瓷	周杰倫	方文山	周杰倫	新力	2007
鄉愁四韻	羅大佑	余光中	羅大佑	滾石	1988
春夏秋冬	劉文正	呂承明	陳小霞	東尼	1983
光陰的故事	張艾嘉	羅大佑	羅大佑	滾石	1981
祝我幸福	楊乃文	施立	陳小霞	魔岩	2001
我是不是該安靜地走開	郭富城	張方露	陳秀男	飛碟	1990
用心良苦	張宇	十一郎	張宇	歌林	1992
新鴛鴦蝴蝶夢	黃安	黃安	黃安	上華	1993
忘情森巴舞	草蜢隊	蔡一智	A.barter	寶麗金	1991
如果雲知道	許茹芸	季忠平 / 許常德	季忠平	上華	1996

第四章　詞曲關係之押韻現象（二）押韻變革

龍的傳人	李建復	侯德健	侯德健	滾石	1980
小鎮姑娘	陶喆	陶喆	陶喆	俠客	1999
不告而別	南方二重唱	許常德	陳小霞	瑞星	1991
不像個大人	張惠妹	王中言	柯貴民	華納	2006
就在今夜	丘丘合唱團	邱晨	邱晨	新格	1982
不停的溫柔	林慧萍	張尚喬	黃仁清	歌林	1983
想飛	鄭怡	梁弘志	梁弘志	可登	1986
亞細亞的孤兒	羅大佑	羅大佑	羅大佑	滾石	1987
我是一片雲	鳳飛飛	瓊瑤	古月	歌林	1977
祈禱	翁倩玉	翁炳榮	日本民謠	麗歌	1975
我是不是你最疼愛的人	潘越雲	小蟲	小蟲	滾石	1990
蝴蝶飛呀	小虎隊	李子恆	李子恆	飛碟	1991
稻香	周杰倫	周杰倫	周杰倫	新力	2008

男人 KTV	胡彥斌	林文炫	胡彥斌	科藝百代	2008
十年	陳奕迅	林夕	陳小霞	艾迴	2003
往昔	林慧萍	晨曦	信田かずお	歌林	1982
站在高崗上	張惠妹	姚敏	司徒明	豐華	1997
願嫁漢家郎	紫薇	莊奴	周藍萍	百代	1958
姊姊妹妹站起來	陶晶瑩	劉思銘	劉志宏	豐華	1990
不了情	美黛	江羽	顧嘉煇	海韻	1963
365 里路	文章	小軒	譚健常	四海	1984
夕陽伴我歸	陳淑樺	羅義榮	羅義榮	海山	1982
崇拜	梁靜茹	陳沒	彭學斌	相信	2007
愛愛愛	方大同	周耀輝	方大同	華納	2008
不搭	李榮浩	李榮浩	李榮浩	華納	2014
遲到	劉文正	陳彼得	陳彼得	東尼	1981
舞女	龍飄飄	寒潔	俞隆華	鄉城	1984
不了情	美黛	江羽	顧嘉煇	海韻	1963
365 里路	文章	小軒	譚健常	四海	1984
夕陽伴我歸	陳淑樺	羅義榮	羅義榮	海山	1982
崇拜	梁靜茹	陳沒	彭學斌	相信音樂	2007
愛愛愛	方大同	周耀輝	方大同	華納	2008
不搭	李榮浩	李榮浩	李榮浩	華納	2014
太委屈	陶晶瑩	鄭華娟	鄭華娟	豐華	2000
自由	張震嶽	張震嶽	張震嶽	魔岩	1998
愛我別走	張震嶽	張震嶽	張震嶽	魔岩	1998
橄欖樹	齊豫	三毛	李泰祥	新格	1979
讀你	蔡琴	梁弘志	梁弘志	飛碟	1988
不要告別	江玲	Echo	奕青	歌林	1983
第五章　流行歌曲之聲情意境					
茉莉花	山西版	X	X	X	X
茉莉花	江蘇版	X	X	X	X
茉莉花	臺灣傳唱 黃鶯鶯版	X	X	華納	2012
茉莉花	黃鶯鶯	X	X	華納	2012
月圓花好	周璇	范煙橋	嚴華	百代	1940

一條日光大道	齊豫	三毛	李泰祥	拍譜	1982
	李泰祥				
如果	邰肇玫	邰肇玫	施碧梧	新格	1978
	施碧梧				
讓我們看雲去	陳明韶	黃大成	鍾麗莉	新格	1979
月亮代表我的心	鄧麗君	翁清溪	孫儀	鄉城	1979
一場遊戲一場夢	王傑	王文清	王文清	飛碟	1987
驛	林慧萍	李姚	蔣三省	點將	1991
煎熬	李佳薇	徐世珍	饒善強	華納	2011
新不了情	萬芳	黃鬱	鮑比達	滾石	1993
一無所有	崔健	崔健	崔健	可登	1989
鹿港小鎮	羅大佑	羅大佑	羅大佑	滾石	1982
酒矸倘賣嘸	蘇芮	侯德健	侯德健	飛碟	1983
母系社會	阿密特	陳仨	愛力獅	百代	2015
愛情的摩托車	林慧萍	小豚	信田かずお	點將	1992
就在今夜	丘丘合唱	邱晨	邱晨	新格	1982
就在今夜	林宥嘉	邱晨	邱晨	華研	2017
哭砂	黃鶯鶯	林秋離	熊美玲	飛碟	1990
哭砂	葉蒨文	林秋離	熊美玲	飛碟	1992
忙與盲	張艾嘉	張艾嘉	李宗盛	滾石	1985
		袁瓊瓊			
牛犁歌	鳳飛飛	許丙丁	臺南調	歌林	1990
三聲無奈	鄧麗君	林金波	臺東調	麗風	1971
三聲無奈	余天	林金波	臺東調	麗歌	2000
青蚵嫂	江蕙	郭大城	臺東調	田園	1985
青蚵嫂	羅大佑	郭大城	臺東調	滾石	1984
站在高崗上	姚莉&楊光	司徒明	姚敏	百代	1957
站在高崗上	張惠妹	司徒明	姚敏	豐華	1997
甜蜜蜜	鄧麗君	莊奴	印尼民謠	歌林	1979
甜蜜蜜	周華健	莊奴	印尼民謠	滾石	2011
流水年華	鳳飛飛	蔣榮伊	常家喜雄	歌林	1984
流水年華	庾澄慶	蔣榮伊	常家喜雄	新力	1995

註一：出版公司用習見之簡稱。

註二：X，表詞曲來源不可考。